亲密关系沟通指南

〔日〕五百田达成 —— 著
李梦迪　郭菲 —— 译

中国妇女出版社

图书在版编目（CIP）数据

亲密关系沟通指南 /（日）五百田达成著 ；李梦迪，郭菲译. -- 北京 ：中国妇女出版社，2022.1
ISBN 978-7-5127-2051-0

Ⅰ.①亲… Ⅱ.①五… ②李… ③郭… Ⅲ.①婚姻－家庭关系－研究 Ⅳ.①C913.13

中国版本图书馆CIP数据核字（2021）第233873号

著作权合同登记号　图字：01-2021-5964

亲密关系沟通指南

作　　者：〔日〕五百田达成　著　李梦迪　郭菲　译
策划编辑：门　莹
责任编辑：闫丽春
封面设计：季晨设计工作室
责任印制：李志国
出版发行：中国妇女出版社
地　　址：北京市东城区史家胡同甲24号　　邮政编码：100010
电　　话：（010）65133160（发行部）　　65133161（邮购）
网　　址：www.womenbooks.cn
法律顾问：北京市道可特律师事务所
经　　销：各地新华书店
印　　刷：三河市祥达印刷包装有限公司
开　　本：150×215　1/16
印　　张：15
字　　数：128千字
版　　次：2022年1月第1版
印　　次：2022年1月第1次
书　　号：ISBN 978-7-5127-2051-0
定　　价：59.80元

前言

PREFACE

夫妻间顺畅沟通的说话方式

夫妻之间相处得和睦吗？

如果还算和睦的话，那就太好了！

因为如果夫妻间的感情很好、很和睦的话，那大部分的难题都打不倒你吧？

可以一起商量、一起讨论问题的另一半，可以信赖的另一半，可以向TA求助的另一半，可以无所不谈的另一半，可以一起哈哈大笑的另一半……如果自己的枕边人是一个这样的人，那么不管发生什么事你都会非常安心。

但是，如果夫妻之间的关系不太美满的话，就有点儿让人担心了。因为夫妻感情不太美满的话，会导致其他各种事情无法顺利地进行。

你不觉得吗？

即使在一起也感觉不到快乐，遇到什么事也不会找对方谈心，遇到危机对方也不会来帮你，有开心的事情也不会想去和TA分享。这样的两个人生活在同一个空间，一起生活一辈子，不说是最糟糕的事，也是十分辛苦的。

- 夫妻间的对话变少了。
- 觉得即使是重要的事情也说不出口。
- 因为对方觉得“只有我自己很辛苦”而感到不满。
- 有“不该发展成这样啊”的心理落差。
- 或许是因为情感淡薄了，不再会温柔以待。
- 想到孩子独立生活以后的事，就感到不安。

如果你内心深处即使只有一丝丝这样的想法，那就请继续阅读这本书吧。这本书，就是为你准备的。

夫妻相处不够和睦的原因是什么

话说回来，夫妻关系到底为什么不够美满、和睦呢？一句话，那就是因为“夫妻间的对话”没能顺利进行。

当然，各种家务、育儿之类非常辛苦的事，还有亲戚间的各种纠纷，这种让人头疼的问题在现实中有很多。但即使面对这样那样的问题，夫妻之间如果可以认真交流、好好沟通，那么任何事都可以迎刃而解。

反过来，即使没有什么大事或者坏事发生，或者即使不愁吃穿也好运连连，但是如果夫妻之间不能正常沟通、互相理解的话，两个人之间的关系就开始变得危险，每天的生活都阴云密布。

所以，夫妻相处愉快，就等于夫妻间能正常顺利地沟通；夫妻关系美满，就是说夫妻间的对话能正常顺利地进行。

夫妻，说的是一种人际关系；而夫妻关系，指的就是日复一日的沟通和交流。

夫妻二人要想相处得愉快，交流是必不可少的。反之，夫妻间的交流如果能顺利进行，那么夫妻二人就能相处得很愉快。

这本书的目的就是让夫妻间的对话能够顺畅地进行，弥补夫妻间交流上的不足，最终使夫妻之间和睦相处。

夫妻间能够和睦相处的三种模式

为了观察夫妻间的说话方式，我采访了很多人。结果发现，能够和睦相处的夫妻大概可以分为三种模式，并且每种模式都有自己独特的交流和沟通方式。

以下就是这三种模式。

❶ 恋人模式

恋人模式是彼此爱慕、甜甜蜜蜜，就像谈恋爱时一样感情美满的夫妻模式。

他们沟通交流的特征就是“爱的表达”非常多。“我好爱你哦”“最喜欢你了”这些话像呼吸一样自然地脱口而出，牵手、拥抱、亲吻之类的肌肤接触也很频繁。隆重地庆祝每一个纪念日，在别人面前也大方夸奖对方，这些行为都是非常自然地完成的。就像这样，好好展示自己的似水柔情和贴心关怀，就会自然而然地让两个人之间像恋爱似的感情持续下去。

❷战友模式

三观一致、雷厉风行，一起处理家庭事务，像战友一样的夫妻模式。

他们沟通交流的特征就是“对未来的共同理想”非常多。类似孩子几岁之前买房子、生几个小孩这样的话题，有对未来非常清晰的打算和计划，并且是夫妻之间认真讨论和商量的结果。另外，即使是微不足道的小事，也会毫不懈怠地和对方汇报、联系、商讨，就像两人在共同经营着“夫妻”这家公司一样。

❸同居者模式

因为在一起很轻松，所以干脆结婚的当代夫妻，就像合租房子的同居者一样，是一种有距离感的夫妻模式。

他们沟通交流的特征就是严格制订各项“规定、规矩”。互相独立的两个人，从厕所的使用方法到毛巾的晾晒方式，甚至家务事的分担，等等，通过给这些琐事制订事无巨细的规则，从而实现一种没有压力的共同生活模式。经常把“谢谢”挂在嘴边，不忘大小礼节和对细节的留心，从而维持一个对双方来说居住起来都比较舒适的空间和适当的距离感。

怎么样，你是不是已经能想象出，不同的家庭在各式各样的模式下融洽相处的样子了？

说话方式改变，夫妻关系也会改变

本书将以以上三种相处模式中真实发生的交流内容为基础，针对各种各样的说话方式、传达方式、听话方式给予大家各种建议。

前面提到过，夫妻，说的是一种人际关系；而夫妻关系，指的就是日复一日的沟通和交流。所以，稍微改变一下日常沟通和交流的内容与方式，夫妻间的关系大概率就会得到改善。

比如：

- 即使觉得有点儿不好意思，也要把“喜欢你”“谢谢”说出口。
- 不说“去做这个，去做那个”，而是说“能帮我做一下这个吗?”

- 对方找你商量事情，要设身处地地想“该怎么办呀”。
- 对于难以开口的事情，可以模仿某些角色的语气说出来。
- 想被对方夸奖的时候，大胆提出“夸夸我呀”。

如此等等，打个招呼或是回应一下，或者只是改变一下句末的语气，就会使对话瞬间变得更加温和、亲善，夫妻关系也会一下子就变得融洽、和谐。即使是很难开口的话也能自然地说出口。

类似这样，渐渐地，夫妻间的对话交流会逐渐增多，最终你会看到以下这些效果：

- 对于难以开口的事情，自己强忍着不说而干着急的情况会减少。
- 在家务活、带孩子等分工上的抱怨会减少。
- 和对方聊一聊医疗费、教育费等问题，从而减少心理上的担忧。
- 再次从对方身上感受到爱意。
- 夫妻关系变得融洽，家里欢声笑语不断。

也就是说，夫妻间会相处得非常融洽，和睦美满。

我在这里再问大家一次，你和你的另一半相处得融洽吗？

如果你们相处得很融洽，那就太好了。呼……我心里的大石头总算是落了地；但是如果不是很融洽的话……在这本书里，你肯定能找到让你们的夫妻生活变得美满而和谐的小秘诀。请务必打开本书进行阅览。

那么，就让我们进入正题吧！

发生在家庭里的心绪不宁、鸡飞狗跳、焦躁不安、你吵我闹，让这些困扰你的问题迎刃而解的“夫妻话术大课堂”，终于要开课啦！

目　录
CONTENTS

第2章 家务、育儿分工合作篇

缓解类似“怎么总是我自己在做”的焦虑感

第4章 日常生活篇
让爱情保鲜的秘诀

测一测 夫妻交流模式自查表

请数一数符合你的情况的选项数量

恋人模式的夫妻

- [ ] 把“喜欢”“爱你”挂在嘴边
- [ ] 非常重视牵手、拥抱之类的身体接触
- [ ] 会认真庆祝各种纪念日
- [ ] 家务、育儿由两个人一起努力完成
- [ ] 有关“为什么你都不理解我”之类的争吵比较多
- [ ] 休息日尽量和TA一起度过
- [ ] 尽管对TA有些许不满，如果问题不大的话也会装作没看见

战友模式的夫妻

- [ ] 结婚的时候，重视双方的价值观和家庭情况是否一致
- [ ] 想构建属于自己的独特的家庭
- [ ] 经常交流未来的生活、孩子的教育、父母的养老等问题
- [ ] 知道对方的收入情况，并严格管理
- [ ] 想和对方保持各司其职、共同成长的关系
- [ ] 出现麻烦后，马上和对方汇报、联系、协商
- [ ] 主动利用家政服务等

你们是恋人？战友？同居者？

确定在左边表格内勾选项目最多的『夫妻模式』，在后面的页面查看相应详情。

同居者模式的夫妻

- ☐ 和TA在一起会感到很舒适、很有安全感
- ☐ 互相尊重对方的兴趣爱好和生活喜恶
- ☐ 不知道对方在TA的兴趣爱好上花了多少钱
- ☐ 会感谢对方为自己做的事
- ☐ 尽管已经分配好各自的家务，但是应付不过来的时候也会互相帮助
- ☐ 在乎对方的感受，因而很难做出各种决定
- ☐ 会尽量避开和父母的养老、经济状况等一些让人比较尴尬的话题

恋人模式

因为喜欢你，所以在一起。“感情”即动力，卿卿我我的夫妻。

就像还没结婚的时候一样，因为感情而结为连理的夫妻。

在这种夫妻关系里，最为珍视的是互相之间的感情。两人互相欣赏、志趣相投、互相爱慕，所以才能成为夫妻。

他们沟通交流的特征是“爱的表达”非常多。“我好爱你哦！”“最喜欢你了。”这些话会像呼吸一样自然地脱口而出，牵手、拥抱、亲吻之类的肌肤接触也很频繁。隆重地庆祝每一个纪念日，在别人面前也大方夸奖对方等行为也都是非常自然地完成的。就像这样，不断地确定和回味对方的感情，像恋人一样的氛围就会一直持续下去。

有事没事都待在一起，两人之间有着无法动摇的爱。

过于依赖感情，容易产生误解的风险

由于双方特别依赖感情，所以会导致两个人平常的联络比较敷衍了事。

通过“啊、哦”这类简单的话语，TA应该能理解我的意思；因为我们互相关爱，所以TA应该会帮我做这些事。但是如果不把这些“应该”说出口，就可能会产生一些误解。类似“为什么你就是不能理解我的意思”这样的争吵也会不可避免。或者，因为“不想让事态发展得很糟糕”，所以对TA的一些令人介意的生活习惯会睁一只眼闭一只眼，从而导致压力慢慢积累。

多年的婚姻生活中，肯定会有恋情死灰复燃，然后又一蹶不振这样心境起起伏伏的情况。

为了预防出现这种情况，要养成不只是进行正面的爱意表达，即使是负面的情绪、轻微的牢骚也要时常说出口的习惯。

不要过分依赖“爱”这种感情，两个人偶尔也要一起聊一聊人生理想，商量一下生活上的约定和礼节，这样就能形成比较平衡的夫妻关系。

战友模式

因为三观一致，所以在一起。
“计划”即动力，麻麻利利的夫妻。

三观一致、雷厉风行，一起处理家庭事务，像战友一样的夫妻模式。

在这种夫妻关系里，最为珍视的是“价值观”。他们关于未来如何生活、怎么养育孩子的规划是一致的，所以才能成为夫妻。

他们沟通交流的特征就是分享一些“计划”。类似孩子几岁之前买房子、生几个小孩之类的，对未来有非常清晰的计划和打算，并且是夫妻之间经过认真讨论和商量的结果。另外，即使是微不足道的小事，也会毫不懈怠地和对方汇报、联系、商讨，分工合作，各司其职。互相掌握对方的收入情况，关于父母的养老、孩子的教育等问题也都有很好的规划。

战友模式像是为了构筑一个有自己特色的家庭而一起合作的商业伙伴的关系。

向同一个目标勇往直前的两个人，那颗星星应该会指引我们吧！

可能真的会变成商业合作伙伴

没有交流约束和沟通障碍，向同一个目标勇往直前的两个人。

两个人每天毫不懈怠地认真交流，交换不同意见，长此以往，也会有太辛苦而喘不过气的情况发生。“你理解错我的意思了”“这不是已经决定好了的事吗？”像这样仿佛商业伙伴一样责怪对方的事情也屡见不鲜。

或者一旦两人的某个目标实现了，就突然丧失了斗志，回到只有两个人的世界后，会有点儿手足无措。

多年的婚姻生活，应该也会出现没有激情和动力只感觉疲惫的情况。

当双方感到疲惫的时候，不要只是说一些滴水不漏的话，也要倾听一些不得要领的闲谈或者无处发泄的牢骚，这样散漫的自由交谈是很有必要的。

不过分依赖“价值观的一致”，而是关心对方、保持舒适的相处模式，并时不时表达爱意，让对方心情愉悦，从而拥有更加平衡的夫妻关系。

同居者模式

因为感觉很轻松，所以在一起。“自立和距离”是动力的当代夫妻。

像合租房子的同居者一样，有距离感的夫妻模式。

在这种夫妻关系里，最为珍视的是“在一起很轻松”的感觉。互不干涉对方的爱好、生活，就像朋友关系的延伸一样舒适，是这种夫妻模式的“亮点”。

他们沟通交流的特征就是制订各项“规定”。互相独立的两个人，从厕所的使用方法到毛巾的晾晒方式，甚至家务事的分担，等等，通过给这些琐事制订事无巨细的规则而实现一种没有压力的共同生活模式。

经常把“谢谢”挂在嘴边，不忘大小礼节，留意细节。

不怎么询问对方的收入情况或者各自家庭的大小事务，保持适当的距离感。

可能微小的变化就能让两人分道扬镳

冷淡到让别人觉得过分见外的两个人。

丈夫在做饭，妻子在读书，各做各的事却心情愉悦。

没有那么紧密的关系，分开的时候也会很容易。比如，喜欢上别的人；或明明说好不要孩子，TA却又想要孩子了；突然要去国外生活了，诸如此类的事情，当对方的价值观或者心绪发生变化的时候，会冷冰冰地说出“我们生活节奏不合拍了，对吧？”“不必勉强在一起，对吧？”双方对分道扬镳也不是很抵触。

多年的婚姻生活中一定会遇到意想不到的挫折或者麻烦。就算制订好规则、规矩，这种连成人间的交流方式也解决不了的问题也会逐渐增多。这时就需要一些“热情”“羁绊”之类的其他类型的动力来源。

不要过于相信“两人互不干涉的关系”，觉得欣慰的时候要开口夸赞对方，时而一起天真地幻想一下两人的未来，这样应该就可以拥有更加平衡的夫妻关系了。

第 1 章

基本篇

首先要掌握的
五个夫妻相处原则

夫妻间的关系

01

“你喝咖啡吗？”

“不喝……”

“还要米饭吗？”

“已经饱了……”

这是极其常见的夫妻之间的对话。

但是这样的对话交流的大前提是被抛诸脑后的，那就是对对方的考虑和关怀。

如果问“你喝咖啡吗”这句话的人不是丈夫或者妻子，而是朋友或者同事，情况会是什么样呢？

只回一句“不喝”的话会显得没礼貌。**作为有常识的成年人，不管你喝还是不喝，都会对要为你泡这杯咖啡的心意说上一句感谢的话吧。**

你可以说上一句：

“谢谢，但是现在不用啦。”

“我已经饱啦……多谢款待。”

生活伴侣既不是父母，也不是兄弟姐妹

道理大家都懂，可是一到夫妻间对话时，就有很多人忘记这条金科玉律。那是因为大家都把对方当作“家人”，有了“那是我的家人，所以说话稍微粗鲁一点儿也没什么”这样恃宠而骄的想法。

夫妻双方都有各自的父母和兄弟姐妹，**而且大多数人对自己的家人也都会多多少少有些娇气和依赖。**

“这个人很爱我，会原谅我。即使我什么也不说，TA也能理解我的意思。即使我做了很出格的事情，TA也不会轻易抛弃我。”

就是因为大家有上面这种先入为主的观念（当然，也有很多人把这种想法称作“安全感”“安心”等），

“我的袜子呢？”

“饭还没好啊？”

这样平常绝对不会说出口的不太礼貌的话，大家应该都对家人说过吧。可是说出这些话后还能相安无事，是因为听到这些刺耳的话的人，要么有宽大包容的爱心，要么

就是勉强忍耐接纳了这些话，毕竟是“家人”嘛！

但是在婚姻关系中的夫妻双方，既不是无条件原谅、包容你的父母，也不是你一张口就能理解你想法的兄弟姐妹。**夫妻，说到底还是他人。在成人间，把对方当作他人互相尊重、互相考虑、将心比心，是非常重要的一件事。**不能恃宠而骄，不能说出不礼貌的话，因为你们毕竟不是家人（其实即使面对家人的时候也不行）。

人们的家庭观是多种多样的。

对“家人就是……”的观点也是因人而异的。既有人认为，“家人，就是不管发生什么事情都能互相原谅、互相帮助的人”，也有人认为，“即使是家人，也应当把对方当作独立的个体，不应过分干涉”。当然，我们对这个问题的理解并没有正确和错误之分。所以，有的时候，把伴侣当作萍水相逢的他人是正合适的。

POINT

夫妻是他人，没有礼貌的话不要说出口。

夫妻间的约定和礼节

02

○ 要遵守作为同居者的规定和规矩

× 在自己家想做什么就做什么

要想对TA不像对自己的父母、亲人一样恃宠而骄的话，把TA当成“一起合租的伙伴”就可以了。

虽然可能有一些夫妻是两地分居的，但是大部分夫妻应该都是生活在同一个屋檐下的。

说起夫妻关系的多面性，除了对方是“喜欢的对象”“共同经营家庭的伴侣”这些角度以外，作为“同居者”的这个角度也很重要。

想象一下你在和别人合租，为了让合租生活更加融洽，是不是会制订很多规矩？比如轮流打扫浴室、卫生间，不带朋友回来住，等等，除了这些约定，还会默认如晚上保持安静、见面要打招呼之类的礼节。

虽然平时可能没有意识到，但是夫妻之间肯定也需要有自己的约定和规矩。

比如我（笔者本人）婚后和爱人住在一起之后才意识到，把家里搞得满屋蒜臭味儿是有失礼节的。

如果是夫妻二人一起吃了大蒜，两个人身上都有蒜臭味儿，那倒没什么问题。但是如果只有一方在外面吃了大蒜后回了家，没吃的那个人可能会比较介意这种味道。

当然，肯定也有完全不介意的夫妻，但是在我们家里对方确实比较在意这个问题。所以从那以后，我们家形成了一个（尽量）不要一个人在外面吃了大蒜然后把家里搞得蒜臭熏天的规矩。

突然想起来我读大学的时候，有一次带着一身蒜臭味儿回到家里，第二天一大早老妈一边喊着“熏死我了，熏死我了”一边打开窗户的情景。老妈这样做，我当时却完全不为所动，应该就是因为我在家人面前比较骄横的缘故吧。

因此，如果从“同居者”的角度看待夫妻关系的话，就会更容易留意到两人之间应该有的规矩和规则。

不是没有规矩，而是还没有形成规矩

如果把对方当作一起合租的伙伴，就会带来“冷静接受对方行为”的好处。

假设现在TA把客厅弄得乱七八糟却不收拾，你很可能会对TA发火，默默抱怨TA太邋遢；还可能会直截了当地质问TA，“你是怎么搞得这么乱的！”“怎么还不去收拾啊！”

但是如果把TA当作合租的伙伴的话，就会考虑“我们该商量出一个规矩了”。随之而来的对TA的一些抱怨也不会脱口而出，而是带着应有的礼节说出来。如果对方是合租伙伴的话，就不会用“你是怎么搞的这么乱的”如此直白的话来表达自己的情绪了吧，而是会客客气气地说“我们好像有一个谁弄乱客厅谁收拾的规矩吧”。这是只有保持一定距离的同居的人之间才有的沟通礼节。

即使是夫妻关系，也不是说什么、做什么都无所谓的。反而正因为是夫妻关系，才更要注意自己的言行。

如果你不愿意把夫妻当作“他人”，也可以先把TA想象成合租的伙伴。

POINT

夫妻关系就是合租伙伴的关系，要遵守规矩。

夫妻间信息共享

03

○

『汇报、联系、协商』，一个不落

×

希望不开口也能被对方理解

如果不想把夫妻关系误解为“因为无偿的爱意而结合的家人”的话，时常把对方当作战友对待也是不错的。

一年365天，一天24小时，各种问题和麻烦每时每刻都在侵扰着自己的夫妻生活。

婚礼怎么举办、婚后在哪里住等问题，都还是“小儿科”。养育孩子、邻里关系，工作和生活之间的平衡；产假、育儿假、跳槽、生病、父母的照顾……

随着人生阶段的不同或是生活环境的变化，不同的难题和麻烦也会蜂拥而至。那么，夫妻就要每天都像身处战场一样去战斗，一起携手克服这些难关，解决这些麻烦。

如果这个战争的比喻不太恰当的话，我们也可以想象成每一天都身处和队友一起组队打怪的角色扮演游戏中；或者把对方想象成一起创业的商业合作伙伴。

那么，对这两个人来说，汇报、联系、协商比什么都重要。我们可以简称为“汇 · 联 · 协”。

做不到信息共享的团队，很快就会出问题。实际上，夫妻间需要共享的信息是数不胜数的，比较大的方面如对人生的目标和规划等。又比如，未来想拥有一个什么类型的夫妻模式，想创造一个什么样的家庭（要不要孩子、已经有孩子的话要怎么养育孩子、将来在哪里居住、想要怎样的生活节奏，等等），下一次假期打算如何度过，或今天的晚饭吃什么，等等，都是夫妻间应该共享的信息。

还有每天的活动安排（聚餐及和朋友的约定）、身体状况、家电故障的处理、父母家的情况等，和TA分享一些非常琐碎的小事也很重要。

另外，诸如“工作压力太大、太辛苦了”“之前不想要孩子，现在心境改变了”之类的想法，只要是和两人有关的，都是可以和TA分享的。

夫妻间很容易因为偷懒而忘记“汇·联·协”

如果夫妻二人对未来的规划不一致，即使很麻烦，也有必要让你们的规划保持一致。另外，即使是琐碎的小事，也有必要和对方保持信息畅通。因此，夫妻间明确、迅速的沟通就显得尤为重要。

话虽这么说，但是现实中因为太懒而逃避“汇·联·协”的夫妻却大有人在。

两人相处的时间越长，或者对夫妻关系越自信，就越容易敷衍了事。心里会想“这些事我不说TA也肯定懂我的”，而完全不把对方说的话当回事。

当然肯定也有“因为很难开口所以不说”“会让TA心情不好所以不说”的情况。此外，“我虽然跟TA说了，但是TA完全没有理解”的情况也有不少。

就像在战场上打仗一样，情报不足有时会一招毙命。夫妻间因为微小的信息错误而引起纠纷的情况实际上经常能见到。

所以，夫妻间沟通，最重要的一点就是，不管什么事都如数家珍地对TA和盘托出。不要指望TA自然就能心领神会，而要事无巨细、喋喋不休，要做到让对方感到“连这个都说啊”的程度，把所有的大事小情都说出来吧。

POINT

夫妻即战友，不要懈怠“汇·联·协”。

夫妻的爱意表达

04

✕ 过于羞耻，所以现在什么也不说出口

○「谢谢」「我超喜欢你」时常挂在嘴边

“我爱你哟。”

“我最最最最喜欢你了。”

“非常感谢。”

最近你对TA开口说过这些话吗？会不会有“老夫老妻了说这些干什么”或者“太害羞而说不出口”之类的想法？

对TA的喜欢、对TA的感谢、对TA的关心……这些想法比起憋在心里，当然是表达出来更好。不单应该表达出来，甚至应该非常积极地向全世界宣告。

大部分夫妇都是先谈恋爱再结婚，谈恋爱的时候对TA的那种撒娇和任性的感觉，不要因为结了婚就抛诸脑后，因为这种感觉对你个人的独立是很有帮助的。

为了让爱情保鲜，或者找回正在慢慢消失的恋人的感觉，最省事、最快的方法就是常常向对方传达“我爱你”“我最最最喜欢你了”“谢谢”之类的正面的想法。

有些话不特意说出口我们也都懂的，所以没关系。

我们俩相处的时间已经很长了，所以我的心意TA应该明白的。

上面这些想法都是不好的。这世上没有比“TA应该明白”这样先入为主的想法更危险的事情了。

TA没有浪费把饭都吃光了，证明TA觉得饭很好吃。

他最后还是回家了，这是TA爱我的证明。

现代人并没有多余的时间来理解和接受这种拐弯抹角的爱的表达。

一定要简单易懂、开门见山地说出“我爱你”“超级喜欢你”“谢谢”“很好吃”“你特别美”“你特别帅”……

永远是对方的最强搭档

我们之前讲过夫妻间的规定、规矩和“汇 · 联 · 协”很重要，但是如果过于依赖这些，就可能会让夫妻关系变得太冷漠，有点儿缺少情趣。

家里每天充斥着这些正确的主张，会让人喘不过气来。对方是同居者、是战友，但同时也是因为喜欢而走到一起的“好朋友”“志趣相投的伙伴”。

虽然很难说清到底应该在什么时候有“依赖”和“任

性”的举动，但是在家中做到“松弛”和“宽容”也是很重要的。比如，“真拿你没办法”像这样互相谅解、心存爱恋的情感是不可或缺的，拥有“我们永远是搭档”这样的情感也是很好的。

这不是说一定要找回恋爱时的浪漫，或者一定要回到新婚时浓情蜜意的状态（当然，即使是这样也无妨）。

向对方呼吁，彼此不要变成水火不容的敌对关系，而要变成如胶似漆的友好关系，是避免无效争执的一种有效的沟通方式。动物界中的狮子、犀牛采用的也是这样一种沟通方式。

“都是老夫老妻了还把TA当恋人，实在是太难了”，有人可能会有这样的想法，但是没关系！

只要把“谢谢”“超级喜欢你哦”等话常常挂在嘴边，你的心境一定会发生改变。有心理学研究证明，人类的大脑是很容易上当的。所以，让我们从不断地说出这些话开始吧，害羞、羞耻之类的情绪都是次要的。

POINT

夫妻即恋人，不要忘记爱意表达。

夫妻关系的维护

05

拿“夫妻关系”做比喻的话，它其实就像“身体健康”一样。

不管是养育孩子、埋头工作，还是做自己喜欢做的事情，抑或照顾父母和家人，一旦夫妻之间相处得不愉快，其他的事情就都处理不好。

反过来说，如果夫妻之间相处融洽，那么即使是工作处理得不好，或者养育孩子陷入了困境，也总有办法挽回局面，也总能为了摆脱危机再共同努力一把。

夫妻相处融洽，生活就会融洽。

夫妻相处不愉快，生活就会充满坎坷。

虽说如此，但就像有时会不明白身体健康的重要性一样，很多人也不明白对夫妻间的关系进行维护有多重要。或者虽然心里知道，但是不失去一次就不知道它的珍贵。

年轻的时候吃再多苦也能受得住；本来身体很强壮的，稍微累一点儿也能很快恢复。是不是越是这样的人，越容易有一天突然倒下？

夫妻关系也是一样的。

我们相处很多年了，TA肯定懂我的。

虽然有点儿难为TA，但这不就是家人吗？

不知道为什么TA好像生气了，这次讨好TA，让TA高兴就行了。

类似这样琐碎的误会日积月累，可能会在某一天突然爆发，让夫妻关系像沙子一样，风一吹就散了。即使不至于到离婚的程度，也可能会出现两人渐渐无话可说、笑容减少、家里空气凝固这样的情况。因为没有第三方的支援和调解，这种情况会慢慢地影响双方的工作，更不用说对孩子的影响了。

身体是资本，健康第一。

夫妻是根本，夫妻关系第一。

说起来，等孩子自立离开家之后，夫妻就要再次开始只有两个人的生活了。随着现代人类寿命的延长，和另一半相处的时间也随之增加，所以为了以后夫妻间能和谐相处，准备得再多也不为过。有人认为，“家人很重要，孩子是个宝”，却很少有人认为“夫妻才是一切的根本”。

比起改变对方，不如改变自己

话虽这么说，但是大多数人都不知道该怎么做。肯定也有人会想“我又没做错，要改变也是TA改变”。

在这种时候，如果你非要去改变对方的性格或行为的话，十有八九会以失败告终。遗憾的是，就像天生的体质很难改变一样，人类确实很难做出改变。

与其改变别人，还不如改变自己的行为、言辞。

这并不会变成“只有我自己在孤独地奋斗”的感觉。只要对待对方的言行稍微改变一下，就会让两人间的氛围、关系发生变化。长此以往，某天对方也会做出改变。

就像想收获健康没有近路可走一样，想获得良好的夫妻关系也必须一步一个脚印。只有脚踏实地地小心维护、精心保养，才会让夫妻关系越来越和睦。

POINT

夫妻关系就像“健康的身体”，只有失去了才知道珍贵。

第 2 章

家务、育儿分工合作篇

缓解类似“怎么总是我自己在做”的焦虑感

学会拜托对方

06

○ 拜托对方『能帮我做下这个吗？』

× 指挥对方『去做这个，去做那个……』

“去买瓶牛奶。”

“把酱油给我。”

上面这些话，可能大多数人都对自己的丈夫或者妻子毫无顾忌地脱口而出过，但是如果是有常识的成人间的对话，应该是下面这样的：

“能帮我买瓶牛奶吗？”

“能帮我拿下酱油吗？”

也许说出这些话的人并没有意识到有什么不妥，但是“去买”“去拿”，和“给我买去”“给我拿过来”一样，语法上都是标准的命令式。

想让沟通顺利进行的话，还是使用疑问句比较有效。

所以，如果夫妻间有什么拜托对方做的事，应该尽量避开命令式，而使用疑问句。

如果平常就认为对方为自己做什么事都是“理所应当”的话，这种情况下会很难使用疑问句。

虽说夫妻间有可能已确定好各自的分工，某件事是妻子的职责还是丈夫的职责都已明确规定好，但是夫妻间最好不要存在“这件事由TA来做是理所应当的”这种想法。反而在对方为自己做了某事之后，应该产生“哎呀，不好意思你帮我做了”这样的罪恶感，就像欠了别人什么东西似的。

说出“你帮我做了……”，不要总说“我帮你做了……”

就像上面这样，如果不把对方为自己做事当作天经地义的话，就把“这件衬衫你洗了？”变成“这件衬衫你帮我洗了？”表达出来吧。只是加上了“帮我”两个字，就能表达出你对对方的谢意。

其实，还有另外一些更高级的说疑问句型的小技巧。

比如，到了洗澡时间，TA还沉迷于玩儿手机或者看电视，完全没有要去洗澡的意思。你不是说“快去洗澡”，而是说“你能现在去洗澡吗？”这样会比较好，还有更温和的表达方式“你要洗澡吗？”

像“你要洗澡吗？”这样把对方放在一句话的主语上，听到话的人就不会认为自己“又被发牢骚了”。TA

可能会自己察觉到“是哦，我玩手机不知不觉玩入迷了，该洗澡了……”然后轻松、愉悦地开始准备洗澡。

但是这种沟通方式非常考验对方的觉察能力。因为TA也很可能会觉得你是在揶揄TA“洗澡这种小事还需要我说吗，自己快去啊”，所以以上方式仅供参考。

另外，不要认为“对方帮自己做事是理所应当的”。反过来，自己做了某件事的时候，也不能想着“那都是帮TA做的”。

“我帮TA刷碗了”“我帮TA做饭了”，如果总有这种施恩图报的想法，就会萌生“我都为你做了这么多事情，为什么你还无动于衷”的念头。

我知道这不容易做到，但是夫妻之间多说“你帮我做了……”，不说“我帮你做了……”是非常关键的。

POINT

使用疑问句，会让对话更温和。

赞赏对方

07

○ 天真地向对方呼吁『夸夸我呀！』

× 因为没被夸赞而积攒不满

虽说我们上一篇说道，不要施恩图报地想“我为TA做了……”，但是当你为对方做了某事的时候心里想着“好想让TA夸夸我”，则是人之常情。

但是很可能对方会认为“TA为我做这些是天经地义的”，或者因为对方完全没有注意到你的想法，所以一次都没有赞赏过你。久而久之，会让人压力陡增，焦躁不安。

这时，我们应该明确地表达出自己内心的想法：“我做了这么多事情，想让你夸夸我哦。”关键是要“死皮赖脸”地向对方提出这个要求。

在这种时候，仅仅说出“洗好的衣服我晾好了”“碗我洗好了”是不够的。

如果仅仅是这样汇报式的话语，最后只会以对方一句“哦，我知道了”而告终。对方甚至还有可能会说“哦，那接下来该做这个了吧”。

我们的目标是让对方“赞赏我做这件事”，所以：

“洗好的衣服我全部收好了，我很厉害吧？”

“碗都刷好啦！快夸夸我！”

要像这样向对方提出要求。

也许你会想“我的自尊不允许我这样”“我更希望TA是自己主动夸赞我”，我非常理解你的心情。

但是，自己只是多说了一句话，就能让对方说出“哇，太感谢了！”“真是帮了我的大忙！”这样的话，你不觉得是你赚了吗？

巧妙引导夸赞，创造欢快的家庭氛围

如果你对“主动提出让别人表扬自己”这样的做法有抵触情绪，那这里有一个“repeat after me（跟我读）”的小技巧可以参考。

我有一个女性朋友，每天吃完饭之前都会对着家人高声大呼“小×（她自己的名字），谢谢你今天做了一顿美味的饭菜！”

她的丈夫和孩子听到这句话后也不能置若罔闻，就会像听到英语老师说了“repeat after me”一样，也跟着一起说“谢谢你今天做了一顿美味的饭菜！”这就是一个巧妙地引导对方说出“赞赏”的小技巧。

就算是微微“胁迫”对方，也要让TA说出“好厉害”“谢谢”的家庭，和固执己见、什么都不说出口的家庭相比，肯定前者的家庭氛围更轻松、愉快。这正是因为“夸赞”这个行为本身就有正面的、积极的效果。

因此，不管是丈夫还是妻子，或者是其他家庭成员，就算是“威逼利诱”，也要让他们开口表扬和夸赞对方。

当然，如果不是“威逼利诱”，而是能自然而然地脱口而出赞美之词，那就再好不过了。

比如，不管TA做的是什么食物，都夸TA做得好吃；或者，如果丈夫炒菜很好吃，那就在他挥动着锅铲的时候，立即站在他旁边说“不愧是做饭能手、炒菜魔法师”。事实上，是否真的如此并不重要。即使你根本没这么想也没关系。这样的情况下，说谎也可以。

双方共同确定了“（即使你不这么想也要）在对方为自己做了什么的时候不失时机地夸赞”，这也是让两个人能和谐生活的一个秘诀。

POINT

请求对方“夸赞”，创造欢快的家庭氛围。

抱　怨

08

○ 和对方一起商量、决定属于『我们家的常识』

× 把『自己的常识』强加于人

在这里我再重复一遍，夫妻之间没有任何一件事是对方应该为自己做的。妻子不是你的母亲，丈夫也不是你的父亲。不管对方为你做了多么不起眼的小事，你都至少得想到去感谢TA，这是很关键的，因为这才叫共同生活。

即便如此，面对对方的行为你是否也经常有“你做的好像不对”“这个应该再这样一点比较好”这样的想法呢？

比如，TA做好了饭菜，你却想着“虽说不难吃，但是还差点儿味道”。或者是对对方怎么刷碗、如何停车、和邻居打招呼的方式等行为，你都想插一句嘴，发几句牢骚。

那么这种时候，我们如何才能相安无事地把自己的想法说出口呢？首先最应该回避的就是，从自己的常识出发去抱怨别人。“盘子你再擦干净点儿啊”“你留这么宽的缝怎么停车啊”，坚决不能像这样不分青红皂白、劈头盖脸地开始数落对方。退一步说，即使觉得说出来太麻烦，也不要自己直接去重新做。比如，把对方好不容易洗好、晾干的衣服再拿出去晒一晒，或者默默地往TA做好的菜里面倒上酱油，这些都会让对方很下不来台。

另外，以高高在上的语气提意见也不行。“衣服叠得再整齐一点儿就更好了”“洗衣服的时候，把白色的和其他带颜色的分开洗比较好”，对方听到这些话后，很有可能会抓狂地说“那你自己弄吧”。

夫妻二人各自拥有的“应该这样做”的常识，其实不过是自己的行为准则罢了。你认为的“这样做效率高”“育儿书上是这样写的”，其实不过是从自己从小形成的习惯和经验得来的一种“感觉”，而不是绝对的“真理”。

所以强行让别人“这样做、那样做”，是不对的。如果你无论如何都想让别人遵从你的准则，那还是请你自己一个人生活吧。

一起聊一聊“双方可以让步的地方”

如果对方的行为引起了你的不满，那么大概有以下两种解决方式。

第一种：既然对方为自己和家庭做了某事，那么一切牢骚和意见都不要说出口。

如果TA要洗碗，那这个活儿就完全交给TA，不管TA洗得干净与否，都不要有任何抱怨或者意见；如果TA要做饭，不管TA怎么炒菜或者做出什么味道，你都不要有一句牢骚。这是一种比较简单、果断的方式。

如果上面这种方式对你来说太难做到了，那么还有一种办法就是：两个人坐下来一起聊一聊自己“可以让步的地方”“妥协一点儿”。“关于洗碗，粗看一眼，油污都去掉不就行了吗？”“洗好的T恤，套上衣架再晾干吧”，就像这样，两个人共同列出一些“议题”，然后商讨并制订好自己家的规矩。就像刚才讲的，所有的常识不过是你自己的感觉罢了，所以在互相商讨的时候才会磕磕绊绊的。但最重要的是一定不要半途而废，话题要一个一个地商量，规矩要逐个制订。

“饭菜很好吃，但是我想再加点儿酱油。”

“加酱油也行，但是我比较注意不摄取过多盐分。”

“那我在早餐的纳豆里面少加点儿酱油，这道菜多加点儿可以吗？”

“嗯，可以。”

上面的情景看起来好像发生在短剧里面一样，但是只有这样经过一点一点的商量，才能制订出让两个人都可以接受的规矩。

POINT

你觉得“正确”的，大多数都只是你“觉得”。

合作分工

09

✕

确定好各自的分工后，分头行动、互不干涉

○

即使确定好了分工，也要和对方共同承担

家务活、带孩子，加上各种“说不上来的小事”，工作量惊人……

这些事全部交给一个人打理，肯定不行……

所以，好像应该尽量可视化地分工合作……

好像社会上终于开始注意到家务、育儿的实际情况。

在日本，主要都是妻子一方在承担家务、育儿的工作。但是现如今，和从前的情况慢慢不同了，丈夫一方也开始逐渐承担一些家务活儿了。

虽说如此，其实也只是处在过渡期，正在转变中而已。

“才不是呢，我家老公什么都不做”“我家倒是在用可视化软件，把家务活儿公平地分工了”“我家是妻子那一方不太擅长做家务”，等等，有各式各样的家庭分工形式。

那么，对于夫妻双方来说，到底应该怎样看待家务、育儿这些事呢？

虽然可能过于理想，但应该是这样的：原则就是“大小事情都由两人共同承担责任”。

由夫妻中的任意一方担负起责任，不用负责的一方要把所有事情都全权交给另一方处理。把某件事当作“别人的事”“别人的业务”，这样可不行！

为什么呢？因为夫妻其实是关系平等的合租伙伴。

当你和别人合租的时候，厨房、浴室、卫生间等公共区域的卫生都是和合租伙伴一起分工好的。“我不经常在家，所以浴室和厕所的打扫可以免了吧”“我不太会打扫房间，所以能不能不打扫啊”，像这样的请求，被通过的概率几乎为零。

夫妻之间也是如此。既然两个成年人生活在一个屋檐下，一起抚养孩子，那么家里的所有家务、育儿的工作就应该由两个人共同承担，互相协助完成。

因此，不管是家务还是育儿，妻子和丈夫都应该能胜任最起码、最基本的工作。

这和“不管是谁都应该能读会写”是一样的。不需要把字写得很漂亮或者朗读得很优美，只需要你拥有最基础的读写知识，这样你就能在社会上生存，或者偶尔帮一下别人。要是你“一点儿都不会，一点儿都不懂”的话，遇到紧急情况的时候就太靠不住了。

根据彼此情况制订相关规则

话是这么说，“但是我每天到家都很晚了，根本没时间做家务；再说了，虽说没做家务，但是我也有好好工作赚钱啊……”

类似以上这种情况，我也非常理解。现实情况、难言之隐、思维模式等，千家万户各有不同。但问题是，你们夫妻之间真的好好聊过这个话题吗？

实际上，家务、育儿工作是如何分工的，“赚钱担当”和“家务担当”要区分得多清楚，等等，夫妻两人要对此不厌其烦、事无巨细地商量并共同作出决定。

虽然可能会受到诸如各自不同的生长环境、社会风气等很多外在因素的影响，但是你们**只需要考虑一点，那就是“我们夫妻二人想怎么做”**。只要你们试着去探讨这个问题，那么不管结果是什么都不重要。

要注意，“我们夫妻二人”才是其中的关键词，如果变成“一方接受，而另一方在忍耐”的情况，那肯定是“错误选项”。另外，即便是制订好的规则，也可以频繁地修改和校正。

POINT

虽有分工，责任共担。

10

○ 规则也要常常更新

× 规则就要严格遵守

“那么从现在开始，我们就来商量一下，夫妻二人应该如何分配家务和育儿的工作。”

“那就拜托啦！”

关于家务或育儿的分工，两个人应该有一次这样正式的谈话。

我认识一对夫妻，他们谈话的结果就是妻子负责赚钱，丈夫负责家务。就这样，在一段时间之内，妻子专心工作，丈夫作为家庭主夫把所有家务都揽了下来。他们有三个孩子，有的上小学，有的上中学，这几个孩子的生活起居也是丈夫在全权负责。

一开始还没有什么问题，但是后来那位妻子说她开始渐渐感到孤独。每天晚上很晚才回家，和孩子们接触的时间也越来越少，总觉得和孩子们越来越疏远了；对孩子们来说，她的存在感也越来越弱，她甚至也越来越难以忍受把所有家务、育儿都交给丈夫来做这件事。

带着这样的想法，这位妻子又和丈夫重新商量了一下，最后决定“不管工作多忙，每天早上都要五点起床给孩子们做便当”。这样的话，既能让自己得到“家务事中只做便当，加深与孩子们之间的羁绊”的满足感，又能让丈夫稍微轻松一点儿，最后双方都很满意。

就像这样，夫妻间的规则随着时间、环境的变化也做出适当的改变，而不是一锤定音，决定好了的事情就永远不能变。

不要觉得规则制订好就可以高枕无忧了，那样就不能及时应对生活或者环境的变化。频繁地检查和更新规则是不可避免的。

遇到波折的时候，就是核对规则的时候

那么，应该在什么时机核对或者更新规则呢？

那就是当夫妻中任意一方感到愤懑，或感到有违和感的时候。比如，TA把衣服脱下来放在客厅的时候。

“为什么把衣服脱这里！”

“不要把衣服放在这里！”

夫妻间很容易这样，你心里怎么想，就怎么说出口。但是，越是在这种时候，越应该重新审视一下之前商量好

的规则。“我们之前说的是，衣服脱下来之后要马上放到洗衣篮里的，对吧？”要这样冷静地表达出来。

如果对方说：“脱下来的衣服就放在那儿的那种解脱感让人欲罢不能。”那你就可以退一步说：“那今晚之内把衣服放在洗衣篮里行吗？”可以找一个双方都可以接受的妥协点。不管怎么样，**最重要的是，即使再琐碎的事也要非常认真地坐在一起商量。**

再比如，吃完晚饭刷碗的时候，发现桌子上还是有点儿脏，谁都想把它擦干净对吧？但是TA正在全神贯注地看电视，完全没发现桌子脏了。这时，你就应该明确地提出这样的建议：“吃完饭没有刷碗的那个人去擦桌子怎么样？”

不要出现“哎呀，桌子一直脏着好难受啊”“瞧瞧你，看见桌子脏了还能跟没事人一样”这样拐弯抹角的说法，说出类似“真是的，桌子什么的你总能擦擦吧”这样的话也不是明智之举。

只有“让我们去干这个活儿，先由××来负责吧”这样的“提案”，才能让规则慢慢完善。

POINT

规则制订完了也不能高枕无忧。

交谈的规则

11

○ 在咖啡馆开个小会

× 做家务的间隙，见缝插针找对方交谈

“咱家的车差不多该换了吧？”

“不用，以后我们租车就可以了。”

“让孩子去那所私立学校上学吧？”

“不是说过了吗，去附近的公立学校就行。”

“我好想生活在一个被大自然环绕的地方啊！”

“是吗？我倒是很想在大城市生活。”

夫妻在交谈的时候，经常会有这种驴唇不对马嘴，意见相左的情况。

因为只有你们两个人，也无法少数服从多数，所以如果双方互不相让的话就会怎么都谈不拢，找不到交谈的“出口”。

“交谈”“磨合”是至关重要的，但是当沟通陷入僵局的时候该怎么办呢？

我建议，在这种时候不要强行断定谁对谁错，而是暂且停止交谈，换个时间和地点再开始。

但是，不是“下次再说吧”这种过于模棱两可的延期，而是像“那就明天晚上八点再开始谈吧”这样，非常具体地重新做安排。或者改变一下“地点”也是非常有用的。

找个附近的咖啡馆或者家庭餐馆，像开会一样专门去那里交流，如果两人单位离得近的话，也可以趁着午休时间约在一起聊一聊。

因为在家里影响你们交谈的因素出乎意料的多。要是孩子比较小，那本来就很难坐下来慢慢聊天，或者一会儿快递到了，一会儿电视声音太大了，干扰太多了。

当然，一边做家务或者工作，一边和TA交流也不可取。说话的那个人很可能会有“好像被轻视了一样”的强烈不满。所以，如果你是认真地想要好好聊一聊的话，选择“业余时间”是不行的。

特意去开一个“咖啡会议”，虽然会花点儿钱，但是肯定物有所值。

比起谈话内容，夫妻之间的讨论更容易被状态所左右

“状态没有调整好”很有可能是夫妻交谈没能顺畅进行的原因。如果中间有哪个人很疲惫、没睡好，或者身体

不舒服的话，就应该改天再谈。而且，遵守社交的基本礼节也很重要。其中最需要注意的一点是，不要大声说话。有的人同别人意见稍微不合就开始提高嗓门，这就好比TA在说自己“根本没想好好商量”。

如果对方开始大声叫嚷，你回应“你说话声音那么大干吗”，也是不可取的。因为对方有可能会更大声地说：“啊？我声音大了吗？特别正常啊！”就像烂醉如泥的人一样，TA自己根本意识不到自己说话声音有多大。

所以，在这种时候你反而要故意小声地说“这样啊，我理解你的意思了”，让交谈进行下去。听到这句话后，对方也会小声回应“我……我就说吧……”

POINT

调整好状态再交谈。

放心交给TA

12

✕ 马上回答『怎样都行啊！』

○ 和对方一起苦恼『这可怎么办啊？』

“晚上想吃什么呀？”

“随便。”

“……”（愤怒）

绝大多数丈夫，在这个时候都不理解为什么妻子会心情不好。

“随便”对妻子来说不是个很轻松的方案吗？丈夫觉得自己又没有像“想吃奶酪盖肉饼，加上点儿时令蔬菜”“今天想喝罗宋汤”一样，要求那么多。其实真的就是吃什么都行啊，啊啊啊啊啊……女人真麻烦。

妻子因为一句“随便”而感到不满，就是因为丈夫过于依赖自己了。

确实，夫妻间可能已经决定好了该由谁来做饭。比如，有的夫妻决定交换着做饭，有的夫妻是一起做，还有的是谁做得好谁来做。

但即使是分好工了，也不是说要让负责这项家务的人承担百分之百的责任，而没有分到这项家务的人也不能把事情完全交给对方，自己袖手旁观。就像在公司里，不能觉得“交给其他部门的工作跟我一点儿关系都没有”是一样的。

所以，夫妻间应该制订一条这样的标准：“虽然说好了分工合作，但是所有事情都跟两个人有关。即便不负责这项家务，也不能当甩手掌柜，坐视不管。”

“晚上想吃什么呀？”

“嗯……吃什么好呢……”

“晚饭做什么呀？”

“嗯……让我想想啊……”

家务中的“主要负责人”有什么烦恼的时候，对方都要和TA一起担忧，一起想解决的办法。因为这是两个人的问题，甚至是对所有家庭成员来说头等重要的事。

这并不是夸大其词。如果你轻慢地觉得这“不过是顿饭而已”，日后肯定会遇到更多的问题。实际上，正是从这些小事开始，夫妻间的羁绊才慢慢串联起来的。

和TA一起为TA的“不容易”而苦恼

“最近工作好忙，累死了……”

“最近孩子晚上都不怎么睡觉，我太难了。”

除了商量要吃什么以外，听到TA说出这样的话时，很多另一半会回应，“不行的话就跳槽吧”“白天的时候让孩子多跑动跑动，晚上他就能累得好好睡觉了”。其实这样的说法，相当于对TA的辛苦置若罔闻，因为你回答得太快，显然没有经过思考。

其实在这种时候，认真听TA讲讲当下的情况，设身处地地和TA一起发愁才是明智之举。“让我们一起想想有什么好的办法来解决这个棘手的麻烦吧”，这种话语和态度，在任何场合下都会很适用。

POINT

说“随便”证明你在袖手旁观。

建议 13

×

在考虑对方情况的基础上，再给予建议

○

只是共享对方的『不容易』就可以

“今天太忙了，晚饭就简单做了一下。”

“你不用每顿都做大餐，简单点儿的东西就行。”

“……”

“今天没来得及吃午饭，下午开会的时候饿得不行。”

“不管怎样，都要好好吃饭哦。”

“……”

这是夫妻间常有的牢骚和抱怨。回应的那个人并没有恶意，但是听到上面这些回应，总会让人怒火中烧。这也是夫妻间常见的情景。

“给出建议”听起来挺好的，实际上不过是“把自己的想法强加于人”，或者是高高在上的“指挥”罢了。

大家都应该记住，当别人没有向你请教的时候，你不必好为人师地多此一举。即使你硬给别人塞了一个建议，别人也只会认为“这我早就知道了”，而觉得厌烦。这时，设身处地地回应TA：“你今天辛苦啦！”“饿着肚子开会确实很难熬。”才是正确答案。

可能越是相处多年，知道彼此脾气、性情的夫妻，越容易不假思索地给出建议。可能你觉得是出于好意，想和TA亲密起来，但是很多时候这些话在TA听来都是“压力”和“噪声”。

“有没有什么好方法呀？”

“那我应该怎么办呀？”

只有当对方这样向你明确地征求意见的时候，你再说出自己的建议才比较合适。

如果只言片语不足以表达你的想法，那比较稳妥的方式不是给出建议，而是给出几个方案。

“我们可以把每周一都定为‘简单晚饭日’啊。”

“要不要在包里塞几包营养棒以防万一？”

如果最后再感同身受地加上一句，“啊，是不是即使这样也解决不了问题啊”，就完美了。如果能做到这一步，就不会再有人动怒了。

提前说明“我想先让你听听我说的”

发牢骚的这一方也有需要注意的地方。

只是一点儿小牢骚，对方听了之后却要自己“这样做，那样做”，会让人气不打一处来。为了预防这种情况发生，在正式开始抱怨之前应该提前说好：

“我要发几句牢骚，但是关于建议嘛，no, thank you.”

“我只是想和你分享一下，你能不能不指手画脚的，可以吗？就是那天……”

或许你会想，即使不说这些话，也希望TA能自己察觉到。这种想法才是导致夫妻间沟通不顺畅的原因，才是万恶之源。把你“想到的”都说出口，才是众善之始。

POINT

给对方的建议，只有在被征求的时候才说出口。

危机

14

○ 借助第三个人的力量

× 只有两个人在努力

“我最近要做个汇报，太忙了，家里的事顾不上。”

“我知道，可是我这边也要年终结算了，忙得晕头转向的。”

家务、育儿、工作……超负荷的生活让两个人走投无路的情况你遇到过吗？这种时候，夫妻间的对话肯定会是磕磕绊绊的。

遇到这种情况，不要想着由夫妻两个人来解决，而要积极地借助外界的力量来化解。

“遇到任何问题都要由夫妻两人互相协商来解决”，这句话听起来不错，但毕竟两个不成熟的人的智慧和体力都是有限的，只靠这些解决不了所有的事情。遇到危机的时候，勇于表达自己的主张，共同寻求帮助，才是明智的选择。

具体来说，可以利用家政服务、寻找社会援助、找父母兄弟来帮忙、找朋友来帮忙、接受心理咨询，等等，这些都有助于你们度过暂时的“危机”。

比起自尊和立场，更重要的是夫妻间的关系。为了构筑持续性的关系，要不断地利用和借助外界的力量。这样做也有助于避免“对另一半过于紧密地依赖”。

日常的沟通交流也一样，在双方交谈的时候，如果有第三个人介入，事情有时反而能轻易地解决。

丈夫说“A好”，妻子说“B好”，当双方意见无法统一的时候，如果有个夫妻双方都比较尊重的人说“我觉得C比较好”，可能夫妻双方都会改变自己的意见，觉得“可能确实是C比较好”。

如果没有第三方而只有夫妻两个人面对挑战的话，很可能会导致两人的关系陷入僵局。

在电影《寅次郎的故事》中，主人公阿寅一时兴起突然回到了家人身边，他说话总是口无遮拦，家人也被他搞得惶惶不可终日。可是等他再次离家出走之后，家人却能感觉到家里留下了一些他带来的“新鲜空气”。

我认识一位女士，有一次，她不顾丈夫的反对而使用了家政服务，在清扫员还在打扫的时候她就觉得，“结识了一个可以一起做家务的伙伴”，并且因为太感动而忍不住流泪了。

向宠物等“第三方”寻求帮助

帮助你的“第三方”，当然不仅限于某个人或者某个组织，宠物也可以。孩子不是维系夫妻情感的纽带，宠物才是（可能有些绝对）。小狗、小猫之类的小型动物拯救了很多对夫妻呢。

为孩子粘贴有关恐龙或者宇宙之类的海报，也很重要。一看到这些海报，就会让自己的思绪在约一亿五千万年前的白垩纪，或者广阔无垠的宇宙里面驰骋。而刚刚发生的夫妻间的争执开始变得微不足道，你可能会默念“咳，这种小事还介意它干吗”。

夫妻二人在面对“第三方”的时候，目光会很自然地朝向同一个方向。对平常四目相对，总是起正面冲突的两个人来说，**“朝向同一个方向”是修复焦灼夫妻关系的绝好机会。**

POINT

夫妻二人需要依靠第三方来帮助。

15

✕

做出评价「这不挺好的吗？」

○

真诚地说出自己的想法「好棒啊！」

人不管多大年纪，被夸奖了肯定会感到高兴。夫妻间也一样，找到TA值得表扬的地方，不断地表扬TA吧。撇开别人不说，面对拥有共同经历和居所的生活伴侣，其实更应该好好夸奖。

要想表扬对方，认真观察TA、好好关心TA这两件事不可或缺。可是，人们出乎意料地不爱观察别人。每天在一起相处的夫妻更是如此，即使TA进入了你的视野，可是你完全没把心思放在TA身上。

但是如果你仔细观察的话，就可以发现对方的变化。而这些变化就是我们刚才说的“值得表扬的地方”。

“啊，发型变了呀，挺好看的。”（注意到对方发型变了）

“哟，新衣服呀，很适合你。”（注意到TA穿了新衣服）

要注意其中的关键点是，说完“发型变了呀”“新衣服呀”之后，还要加上正面的、积极的赞美之词。

被TA夸赞了很开心，一想到“TA在注意留心观察我”就更开心了。

表扬可能会变成高高在上的评价

表扬对方也要注意方式方法。因为这种行为很有可能会变成一种高高在上的评头论足。

“哎哟，今天的菜做得不错嘛！”

“今天的衣服还挺时髦的。”

“收拾得还挺快的，厉害，厉害！”

听到这些话你会怎么想呢？是不是有点儿不太受用呢？

表扬一般是地位“靠上”的人会做出的行为。比如，在公司里，前辈可以表扬后辈，但是后辈很少表扬前辈。说出赞扬之词的人，即使没有那个意思，也会处处散发着“高人一等”的感觉。

夫妻不应该是上下级关系，而是不管什么时候都是平级的对等关系，这是一个大前提。所以，应该极力避免那些听起来“高高在上的评价”。这个时候，不能以一句“我本意不是这样的”就逃避责任。因为在交流过程中，最难、最重要的不是你怎么想的，而是听到这句话的人是怎么理解的。

后辈表扬前辈的情况也有，但大多数都是“太厉害了”“不愧是你”“太酷炫了吧”这样比较直白的表达方式。夫妻间也可以模仿这样的方式来互相夸赞。

“天哪，今天的饭也太好吃了吧！”

“好时髦！漂亮！漂亮！”

“干净得能照出人影！”

如果总想着“要努力去夸奖TA”，而专门选择一些艰涩生硬的词汇，反而更会有种盛气凌人的感觉。夸赞别人的时候可以选择一些朴素、简单的词汇，这样不用考虑太多，你会很轻松，对两个人来说也是双赢的。

POINT

如果只是简单的感想，就不会让人觉得高高在上。

共享日程表

16

×

以为『TA应该懂了吧』而产生误解

○

无数遍地重复、提醒、确认

"明天拜托你去幼儿园接孩子啦。"

"啊？你明天要干什么来着？"

"啊？我都说多少遍了，公司的忘年会啊！"

"啊？！我也有忘年会啊！"

"……"

有的事不管说多少遍TA都记不住。TA好像在听，其实在想别的事情；即使认真听了，每次也都是左耳进，右耳出。

夫妻之间这种对牛弹琴的事简直就是家常便饭。虽说事情不大，但是如果长年累月这样，放在谁身上都会受不了。这种麻烦要怎么解决呢？那就只有不断地重复、重复、再重复了，要不厌其烦地时刻提醒TA。

其实人本来就不怎么喜欢好好听别人讲话，夫妻之间也不例外。这跟双方是否相爱、有没有责任感毫无关系。你就想，人类本身就是不爱听别人讲话的生物就可以了。说到底，有时，"对自己来说至高无上的大事，对别人来说也不过是些微不足道的琐事罢了"。

有些话，只讲一次就等于什么都没有讲。不要怕麻烦，不要怕别人说你喋喋不休，一件事要重复两三遍才可以。

比如，当你看到卫生间被弄得湿漉漉的，正想发火的时候。

“TA肯定觉得反正有人会去收拾”“难道TA在故意找碴儿”“TA又不把家务当回事了”，你有没有过像这样越想越生气、越想越恼火的经历呢?

但其实大多数时候，都只是TA“没有看到”“没有注意到”那些污垢罢了。你可能会想，“TA真的这么蠢吗？”是的，人类的视觉机制是只能看到自己想看到的东西。

所以，你自己再着急恼火也没有用，因为TA既不是“故意找碴儿”，也不是“小瞧家务事”，仅仅是“没有看到”而已。

如果你想让对方做某件事，只要你一有这个想法就告诉TA吧。要忍住“我都说了多少次”这样的想法，抑制住满腔的怒火，平静地、不厌其烦地向TA传达自己的要求。

如果TA说“我没看见”，那你可以让TA“好好看看”；如果TA说“我没注意到”，那你可以让TA“多留心观察”。关键是传达事项时要心平气和、不厌其烦。

微信上互相发送“备忘录”

夫妻间可以利用微信之类的工具来互相提醒。不要只是在口头上传达“××日和朋友说好了要聚餐”，而要在微信上发送“××日，有聚餐”，留下文字的形式。如果只说一遍还担心对方记不住，也可以多发几遍提醒TA。如果能提前一个月、一周、前一天不厌其烦地多提醒几遍，就更完美了。

我爱人有时会在微信上给我发送“备忘录”，上面写着“拿印章和存折”“给妈妈打电话”之类的信息。虽然我也不知道这些信息是什么意思，但是等妻子回家之后我会问一下她：“拿印章和存折？”“给妈妈打电话？”这个时候她就会感谢我说：“哦对，我差点儿忘了。谢谢你提醒我！”**即使不是关于夫妻两人的事，借助于伴侣的记忆力也是一个很好的备忘方式。**

是人就会遗忘，而且肯定会忘，所以只能不断地复述。不只是对方，自己更是如此。

POINT

别人的话都是耳旁风（自己的也是），所以要多次重复。

如何与公公婆婆、岳父岳母相处

17

○ 贯彻『夫妻第一』的原则

× 在父母和另一半之间两头受气

媳妇和婆婆，媳妇和公公，女婿和岳母，女婿和岳父。

仅仅是在这里写出来，那种紧张的家庭氛围就已经跃然纸上了。妻子和公公婆婆或者丈夫和岳父岳母相处不好而让夫妻之间产生矛盾的事，是时有发生的。

遇到事情时，不想有损亲生父母的面子，也理解公婆和岳父岳母的想法，夫妻也有自己的考虑……牵扯的人太多，很容易被夹在中间两头受气。其实处理这件事并没你想的那么复杂。

要把你和伴侣的关系放在第一位，而不是把亲生父母或者兄弟姐妹的关系放在第一位，“夫妻第一”是夫妻两人相处的前提。

比如，公公婆婆来家里做客，晚饭时妻子给他们端上味噌汤之后他们却这样说：

“这个味噌汤味道是不是太浓了啊？还是要多注意控制盐分摄入比较好吧。”

妻子听了肯定很受打击。在这个时候，丈夫应该采取的态度是“毫不迟疑地力挺妻子”。不要说“就是啊，味道是太浓了”来帮自己的父母说话，就算是像“哎呀算啦，这不是……”这样采取中立立场也不行。因为这也不过是一种“逃避”罢了。

即使你觉得自己父母说的是百分之百正确的（不只味噌汤这种情况），也应该更偏袒自己的妻子。

夫妻本来就不是家人，丈夫还帮着自己的父母说话，会让妻子更加感觉被孤立，这样是不可取的。父母怎么想是次要的，关键问题是，夫妻二人是怎么想的。

践行“感同身受的应和”

接着上面的情景，对味噌汤发了牢骚的父母回去之后，妻子肯定会发怒或者变得很暴躁。毋庸置疑，这个时候你袒护自己的父母说“算啦算啦，不要介意这种小事”“他们没有恶意的，你别多想啦”，是万万不可的。

这个时候的上上策，是践行“感同身受的应和”。什么是“感同身受的应和”呢？就是指绝对不要否定对方的想法和情绪的表达方式。当对方说了什么事的时候，你要说“对啊，是啊”“我懂，我懂”这样的话，全盘接受，并且能站在TA的角度和TA保持同感。另外，把TA说过的话再重复一遍也是可以的。

“他们嫌这个、嫌那个的，最后不还是喝干净了嘛。”

“是哦，全部都喝干净了呀。”

“我辛辛苦苦做好的还被这样说，真是过分。”

“真的是太过分了。”

如果有必要的话，一时头脑发热的丈夫会说：“要是天天这样来了就发牢骚，以后永远别来吃饭了。气死我了，我去说说他们！”然后妻子劝解道：“没关系，不要这么过分啦，这会让事情变得很复杂的。”像这样让夫妻间的连带感增强也是不错的处理办法。即使之后你偷偷去父母家“跟进”这件事，也至少要在丈夫或者妻子面前再三展现出“我肯定优先尊重你的想法”“我们家是‘夫妻第一’原则”这样的姿态。这对取得对方的信任是非常有必要的。

另外，还有一些人跟亲生父母的关系比较微妙，希望另一半去居中调解。如果另一半希望你介入，不管你内心是不是在想“啊，真麻烦啊……”，也最好能鼓起干劲儿，发挥作用。因为这种行为也是贯彻“夫妻第一”原则的表现。

POINT

优先考虑夹在中间的夫妻关系。

发牢骚

18

○ 直接找对方谈话

✕ 让孩子传话

"（对着孩子说）你妈最近胖了不少，对吧？"

"（对着孩子说）你爸浑身烟臭味儿，真让人讨厌，是不是？"

有时，对丈夫或妻子的抱怨可能下意识地就对孩子讲出来了。因为有的话对TA本人不好开口，还想让孩子站在自己这一方。但是，千万不要对着孩子抱怨对方，或者说对方的坏话。

一是因为孩子不一定能和你感同身受，另外还可能会让孩子也跟着心情不好。

明明对方和你身处一室，你却故意大声挖苦、讽刺TA，这样性质更恶劣。孩子也会察言观色，感到左右为难。

"从小我爸妈就天天在家里大吵大闹、鸡犬不宁的，烦死了。""我妈老是对我爸恶语相向，太难熬了。""我妈不在家的时候，我爸就天天向我灌输'你妈是个坏女人'的想法，让人浑身不舒服。"我经常听到孩子们的这些怨言。

如果你有什么抱怨或者什么想传达的话，应该直接对TA当面说清楚，但是也要注意说话的方式方法。

“你瞅瞅你，最近胖成啥样了。”“喂！受不了，烟臭味儿熏死我了！”如果你这样说话，毫不掩饰地横冲直撞，那就是摆明了要大吵一架，也违反了和别人接触时应该遵守的基本礼仪。

这种时候应该尽量保持冷静，向TA传达“我的感受如何，我希望你怎么做”。

比如，在公司里，当一个上司想让下属更高效地完成某事的时候，批评对方“你这种做法根本行不通”，像这样光发火是没有用的。“你现在的做法太浪费时间了，所以不要手写了，用Excel表格完成吧。”而应该这样教导下属，明示具体的理由和改善工作的方法。

用“I信息”传达

夫妻之间互相埋怨的时候，使用这个方式也很有效。

“我闻到这个烟味儿会特别难受，所以你还是吸没有烟的电子烟吧。”

“我很担心你的身体，少吃点儿重油重盐的东西，怎么样？”

这个时候应该留心的是，应尽量采取“我（觉得)……”这样的表达方式，即句子的主语必须是自己，这就是所谓的“I信息”。

如果用“你……”和“YOU信息”（指主语是对方）这样的表达方式，对方就没有反驳的余地，而只能用“没有的事儿！”“少管我”这样的暴怒方式回呛了。

若是避开“YOU信息”，而是用“我觉得是……”这种说法的话，只不过是在强调自己的见解。当然，对方能不能坦然接受这些信息就是题外话了，但是这比突然冒出来一句“你最近胖了不少啊”要强一百倍。

“原来你对烟味儿敏感啊，我倒不敏感。”“是吗?但是我现在体重是最标准的。”即使像这样被驳了回来，也至少有继续交谈下去的空间。

不要对孩子发牢骚，向对方发牢骚的时候也不要失去理智、口无遮拦，这就叫作夫妻间的礼节。

POINT

要用“I信息”，不要用“YOU信息”。

反驳

19

×

做出『你不也是吗?!』的反驳

○

先承认自己『确实有做得不周到的地方』

“你放在玄关的鞋子能不能收一收啊？”

“你的擤鼻涕纸不也没收拾好吗？”

“你说话不用这么咄咄逼人吧！”

“你不也一直这样说话的吗？”

被TA一通抱怨后，你愤怒地回呛一句：“你不也是吗?！”这是夫妻吵架常见的景象。我们一定要谨记，和别人交谈的时候，“你不也是吗”这句话是绝对不能说出口的。

你的心情我可以理解，突然被别人指责自己的缺点或者做得不好的地方时，不管是谁都会窝火。“你竟然还敢责备我？你不也是……”人们总想这样反驳。

但是对方听了这话会觉得你在偷换概念。不管丈夫有没有把擤鼻涕纸乱丢，妻子都已经把玄关弄得乱七八糟了。这是两码事，不在当下的讨论范围中。应该首先聚焦于眼前的问题，好好交谈。

“放在玄关的鞋子你能不能收一收啊？”

“哦……抱歉，我现在就去整理。”

“你说话不用这么咄咄逼人吧！”

“我好像确实有点儿过分了，抱歉。”

就像上面这样，先把眼前的问题处理完，再把你想说的说出来就好了。

“我想说这件事很久了，你擤完鼻涕的纸能不能自己收拾好啊？”

“我之前也被你这么说过，很受伤。”

话，要一句一句地说。即便要数落对方的缺点，也要首先承认自己做得不到位的地方。人和人交流必须有足够的隐忍，才能一件一件地处理好眼前的议题。

不改变话题，不翻旧账

被对方指责了几句之后，你因为受到刺激而开始狂风暴雨般地翻起了旧账……

这种现象很常见。比如，“你放在玄关的鞋子能不能收一收啊”，妻子听到丈夫这么一说，会立马心想：“不不不，你才是最邋遢，什么都不知道收拾的那个人！”甚至会开启脑中“吐槽”模式：“还说呢，你整天衣服一脱就不管了，看完的杂志也都随手一放，就连最简单的打扫卫生都没见你做过，孩子你也一天都没带过。这些事全都让我自己来，我明明这么辛苦……”

然后妻子对丈夫发飙：“还说呢，孩子的事你倒是管一管啊！”丈夫听到这里，可能会一头雾水：“我刚才明明只是让你收拾下鞋子啊。”

当然，向丈夫要求“多管一管孩子的事情”是天经地义、理所应当的，这个想法应该传达给他，但现在并不是一个好时机。这种“重量级炸弹”，只在回呛的时候说出口实在是太浪费了。应该尽可能换一个地点和时间，冷静、彻底地和他商量。

POINT

承认自己的过错之后再反驳对方。

对未来的规划

20

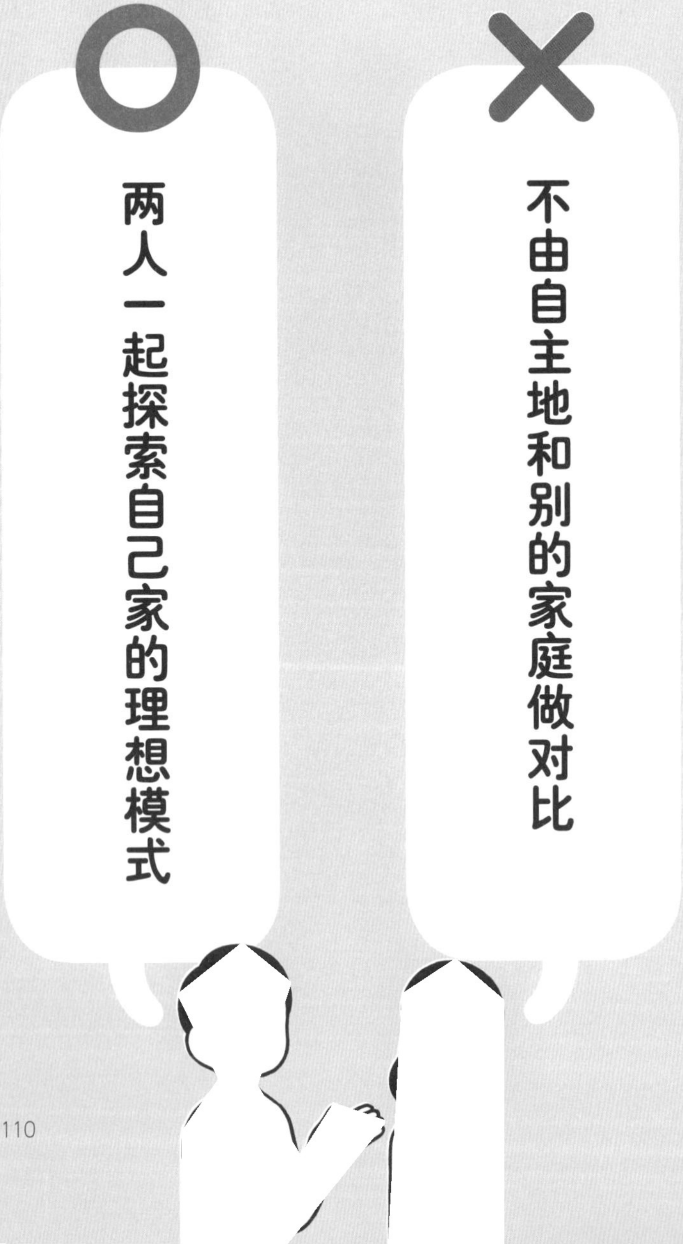

“我有一个同事好像要把工作辞了自己干，还准备全家搬到乡下去。”

“邻居好像要让孩子去一所国际学校上学。”

你有没有过这种听了熟人的消息之后变得心神不宁的经历呢？

如果是自己一直以来梦寐以求的事情或者“稍微有点儿羡慕”的事情，别人却先于你做到了，是不是更让你魂不守舍呢？还可能会焦虑地默念“我家也得赶快着手……”

如果夫妻双方都有这种紧张、焦虑感，那倒没什么问题，但是大部分家庭都无法做到意见统一，也正因为彼此想法不一致，很容易变成一场夫妻大战的导火索。

“据说我们部门的××，最近决定要搬到乡下自立门户了。”

“哦……这么任性妄为啊！”

“是吗？我还挺羡慕他的。”

“你怎么又想一出是一出……”

“听说隔壁的小××，要让孩子去读私立学校呢。”

“啊？那挺不容易的。”

“我觉得私立学校也挺好的啊。”

“不不不，我肯定是要把孩子送到公立学校的……”

这时，我们应该怎么做呢？最好的做法是夫妻双方都能坚定地认为“我家是我家，别人家是别人家”。但是实际上很难实现，因为大多数家庭都没有明确地确实过所谓的“我家的做法”。如果夫妻间还没有制订和沟通好未来规划，那么类似上面这种争执会没完没了地出现。反而言之，越是在听到别人家的情况而感觉心里面痒痒的时候，越应该和对方聊一聊有关自己家的打算。

以“We”（我们）为主语思考

这种时候，夫妻间交流的诀窍是把“我们（家）”当作主语。

“小××他们家好像要搬去乡下了，我们（家）怎么办啊？”

“小××家说要把孩子送到私立学校去，我们（家）

也该想想这个事儿了。”

“我还是喜欢在城市里生活”“我以后想回到老家生活”，等等，每个人可能都有自己的想法，但是这个时候应该尽量避开“我”这个字眼，而是以“我们以后要怎么办呢”这样的方式来展开一段对话。

要注意，这个时候“我决定了！要……！”“绝对要……”这样太过决绝的言辞也最好回避，要从“两个人今后要怎么做”的立场出发。为了给对方“我不是任性妄为，而是在考虑两个人的事”这样的印象，用“We”（我们）话术是非常有效的。就像这样，当两人越聊越火热，气氛开始升温之后，再去阐述自己那些“其实我想这样的”“我觉得应该这样做”的想法就可以了。

“规划”可能听起来有点儿夸张，可是像“我家的方针是……”“我家绝对不做……”这样把规划具体化的家庭和没有这样做的家庭之间，应对紧急情况时的承受能力是有巨大差距的。

POINT

用“We”话术来制订规划。

理想的关系

21

○ 构建两人间的新型关系

× 以自己父母那样的关系为目标

人们在构建夫妻关系的时候，往往都会参考一个“样本”，那就是自己的父母。

有人想拥有和父母一样的夫妻关系，也有人会把父母当作反面教材，会想“绝对不要变得跟父母一样”。虽然每个人的想法不同，但是在潜意识里会以父母做参考这一点上是一样的。

当然，你自己怎么想都没有对错，但是如果把你的想法强加给伴侣就不太好了。

“我爸把我妈当成公主一样宠，可是你看看你……”

“我妈做饭超级好吃，家里也收拾得干净整洁，可是你看看你……”

像上面这样，遇到什么事都拿自己的父母做比较来责怪和攻击对方，实在是有点儿不厚道了。对方会想“你爸妈的事我怎么可能知道……”“不管你家是不是那样，反正我家不是”，然后两人便无话可说了。

同样地：

“我父母家的浴巾都是一天一换。”

“小时候我爸妈让我学了很多东西。”

像上面这样向自己的新家庭灌输自己小时候的生活状况和理念也不可以。

嘴上说着“我家是我家，别人家是别人家”，把“不和别人家比较”当作信条的人，竟然也会和对方比较自己小时候的生长环境，简直太不可思议了。

对夫妻来说，最难缠的“对手”，应该就是双方的父母。

结婚即“创业”，要和母公司保持适当的距离

结婚，就像两个人合开一家新的公司。结婚就是创业，所以，婚姻里所有的规定、目标，都必须是两个人共同制订。本来对两个价值观不同的人来说，统一意见就是一件不容易的事，如果再让双方父母介入的话，就更难分难解了。

父母，就像“母公司”一样。创业的时候，即便有母公司在，那也仅仅是另外一家别的公司，分公司不需要大事小情都完全照搬母公司的做法。

当你被父母催促“快给我生个孙子吧”“搬到附近来住吧”的时候，千万不要对父母的话听之任之，一定要和另一半一起商量。因为这已经不单单是母公司的事，而是

事关新成立的这个“公司”的决断了。

甚至像“我父母是这样做的，所以我们也这样吧”一样向自己的伴侣提出建议也不厚道。比起“母公司”，更应该在自己的“新公司”的风气上花心思。

当然，父母的重要性不可忽视，但是我们不能一直在他们的庇护下成长。当你选择了自己的人生伴侣，要和TA共建一个新的家庭的时候，就意味着你已经脱离了自己的父母，要独当一面了。**也就是说，结婚，就等于你向自己的父母宣告：“谢谢你们的养育，从今往后我要自立门户，自己制订自己的生活准则了。你们不用再操心了。”**

退一万步说，如果实在无法摆脱父母的影响，这种时候你应该说“（我爸妈就是这样做的，所以）我想像他们那样做”，向对方明确传达这是你自己的想法。

如果不说出这是你自己的想法的话，会让对方觉得，“光说你父母的事了，你自己到底是怎么想的”“我又不是和你父母结婚的”，而让对方觉得一头雾水。

POINT

婚前的家庭就是“别人”的家庭。

如何拜托对方做事

22

○ 接受TA的做法

× 对TA的做法吹毛求疵

让丈夫去买东西，结果他买回来了一堆没用的东西，无语……

让老婆收拾一下客厅，结果她打扫到一半就不干了，气愤……

拜托TA去做家务或者带孩子，但是TA的做法总是不尽人意，自己无语又窝火。你有没有遇到过这种情况？

拜托对方做事的一方在这种时候很可能会忍不住想抱怨几句，但其实这个时候如果选择“睁一只眼、闭一只眼，对所有结果全盘接受”的话，会带来很多好处。

其中一个好处就是，有拓宽自己视野的可能性。这可能是一个很好的质疑自己多年来自认的常识的机会。

我有位女性朋友，在孩子很小的时候她就坚定地认为，“这个孩子，晚上不抱着他的话他绝对不会睡的”。有一天，她让老公去哄孩子睡觉，老公把孩子往床上一放就不管了，孩子虽然哭了一会儿，但是之后竟开始呼呼大睡。于是，从那以后，孩子有时候不抱着也能睡着觉了，这对他们夫妻二人来说都轻松不少。

还有一个好处就是，即使你多少有些不满，但是如果能“睁一只眼、闭一只眼”的话，以后TA可能还会更多地听你的指挥。

“哎呀！谁让你买这么多没用的东西回来的啊！”

“你倒是把客厅收拾干净啊！”

你明明被TA拜托做了家务，却还是被训斥了，放谁身上都会不爽，导致以后即使被请求也不想再做事了。所以，白白让对方的情绪低落不是一个好的办法。

但也不是说，不管TA做得好不好，你都要去给TA戴高帽子。

只要能默默忍受和自己的做法不同的行为就可以了。“看不见、注意不到、不关心”＝钝感力，这种钝感力不只在夫妻之间，对整个人生来说也是一种行之有效的能力和技巧。

不是“我本来想做的”，而是“我现在就要做”

拜托TA做一件事，他吞吞吐吐、慢慢悠悠的，真让人着急上火。

让丈夫去洗碗，他拖拖拉拉的就是不去洗。→妻子实在忍受不了了，于是自己把碗洗了。→丈夫生气地说道：“我刚才就想去洗来着，你这不是在嘲讽我吗？”

妻子觉得丈夫“为啥说了不马上去做”，丈夫愤怒地想“我有我自己的节奏”，于是演变成一场争吵。

其实，这种时候哪一方都不算错。这既不是一直催促的妻子的问题，也不是要坚持自己节奏的丈夫的责任。如果妻子疑惑“为啥他就是不去洗呢”，这个时候就应该把自己的想法准确地传达给丈夫。另外，如果丈夫心想“等手头的工作结束了我就去洗碗”的话，也应该当场就把这个想法清楚地告诉妻子。

“我做晚饭了，如果今天你能帮我洗碗的话就太好啦！”

“好，但是我把这集电视剧看完了再去行吗？还有大概30分钟就演完了。”

“OK！那我把要洗的碗都送厨房了哦。”

不要偷懒，要把自己想到的事一五一十地传达给对方，还要把自己正在做的事情不厌其烦地向对方汇报、进行实况“转播”。做到这两点，夫妻间的误解大概率就可以烟消云散了。

POINT　“睁一只眼、闭一只眼”，把事情放心交给TA。

叱责

23

○ 模仿某些角色的口气来缓和紧张

× 宣扬正确的主张

“我们之前说好了每个月零花钱是3万日元，你当时说3万就够了，对吧？今天才8号啊，这个月才过了还不到1/3呢……”

“但是……”

“你为啥不好好看着点儿孩子啊？肯定是和别人聊天聊上头了，才没看住孩子，让他受伤的。”

“太过分了……”

对方说的都没错，百分之百正确，确实是你自己做错了，所以这个时候你想回嘴也不知道该说什么，只能理屈词穷地“我，我，我……”而说不出话来。

你遇到过这种情景吗？

反过来的情况是不是也遇到过？针对对方犯的错，觉得“你做错了”“无法原谅”，而把对方训斥得无力还击；当自己占理的时候却又用正确的主张暴击对方。

“正确的主张”——说出这句话的人会神清气爽，全身散发出一种“我做的事情是对的”那种充满正义感的气场。所以有太多人这样说着说着自己也慢慢变得势不可当、趾高气扬。

我们就开门见山地说了：夫妻间不需要什么正确的主张。因为正确的主张会把对方逼得走投无路，这和在工作场合可不一样。

如果是在会议室的话，明确阐述自己正确的主张当然比较好，但是夫妻之间，重要的是要给对方留有余地，毕竟对方并不是敌人。他们是我们的伴侣、战友、好伙伴，把他们逼得无计可施，对你来说一点好处都没有。

当正确的主张忍不住要从嘴里向外冒的时候，要咬紧牙关、克制忍耐。

可以温柔地用某些角色的口气传达

夫妻之间肯定有很多类似“必须得准确告诉他……”的事情，但是把“退路”都堵死也不行。这种时候应该先说下面这句话：

“我懂你。”

首先向对方展示出你对TA的立场和言行的理解。即使你完全不理解，也要暂时先表现出你懂TA，并且说一句“我懂你”。因为只有这样，对方才会向你敞开心扉。

要先向对方展现出准备侧耳倾听的姿态，之后再开始说明什么是“正确的事情”。

另外，这个时候我比较推荐的方式是：模仿某个角色，即让自己变成某部剧中的人物，模仿那个人的说话方式。

比如，模仿“母亲”这个角色说“我可不记得我养育过哪个孩子花钱这么大手大脚的”，或者模仿“小猫”说“自己的孩子还是要好好看管啊，喵……”感觉就像是在角色扮演。

可能你会觉得有点儿害羞，但这样是不是就能把自己的话温柔地传达到对方的耳朵里，让TA顺利地改变自己的言行呢？这也是沟通上的一个小技巧。

POINT

不要穷追不舍，要为TA准备一个台阶下。

24

○ 幽默地交谈

× 激情地说教

很多夫妻可能都因为对另一半有“为啥就是不帮我做这件事呢”“我还以为结婚之后TA能有所改变呢”等的想法，而越来越不满。

如何让对方按照自己的想法行动，是沟通上的一个永恒的课题，但是，这个问题太难了。本来对方就有自己的考虑，更别说TA根本没有在听你说话，也不愿意听你说话了。即使好不容易听进去也会转眼就忘了，实在是令人吃惊（两个人不相上下）。

可能听起来有点儿不得要领，但是这个时候最重要的是丢掉“真心”。

如果真心诚意地去拜托别人，别人就会按照你所想、所说的有所行动。如果你还认为用爱可以“发电”的话，那就大错特错了。如果你不断重复这样的无用功，最后只会出现“我都说了这么多遍了，你还……”“我真的希望你能改变，可你却……”的情况，让自己变得心灰意冷。

与其如此，还不如干脆“不要什么真心”。只需要选择让对方能动起来的说话方式就可以了。这样想的话就不会给自己太大的压力。

不要想着用爱“发电”，要想着“（虽然可能没什么用，但是）我要是能用一点儿小技巧让TA动起来就好了”，这样才更健康，也更有效。

为了完成这个健康、有效的行为，有很多沟通上的小技巧可以运用，其中一个就是“幽默”。

虽然以下不是夫妻间的对话，但我们也可以参考。我听一个朋友说她管教孩子的时候会模仿青蛙的叫声。

孩子还很小的时候，喜欢吃饭的时候把腿放在椅子上面，蜷着腿或者盘着腿坐，显得很没有家教。

一开始我朋友会提醒孩子“把脚放下来”，但是孩子完全不理会。一直重复地提醒孩子让她自己的心情不好，把餐桌上的氛围也搞得硝烟弥漫。

后来有一天，她发现儿子又把腿蜷在椅子里，于是她把儿子当成青蛙一样，模仿青蛙的叫声，对着儿子说：“呱……呱……你又变成青蛙了哟！呱……呱……”

儿子听到她这样说，立马注意到自己又把腿放在椅子上了，于是很乖巧地把腿放了下来，还说着“才不是”（笑）。但是她比以前管教孩子时候的心情要轻松很多，而且，孩子对此也没有那么抗拒了。

不管是“谢谢”还是“对不起”，用别的角色的口吻说出来会更容易

我有一位男性友人，他说他在提醒妻子的时候会扮演“妈妈”的角色。

他比较爱干净，所以在家里他负责打扫卫生，但是他的妻子特别懒散、邋遢，什么东西都是随手一放就不管了，这让他特别困扰。不管说多少遍她都不改，一直唠唠叨叨的让他自己也很疲惫。

这个时候他便模仿妈妈的口吻说：

“艾米（妻子的名字）！你怎么又把衣服随手扔了就不管了呀？这可不行啊！你得把脱下的衣服立马放到洗衣篮里面啊，不然妈妈太辛苦了呀！”

他这样说，比起“别把衣服脱下就放那儿不管了啊”这样直来直往的说教表达得更温柔，被当作“女儿”的妻子也更容易听从他的建议。

另外，有的时候是不是觉得面对自己的丈夫或妻子很难开口说出“谢谢”“对不起”这样的话？

在这种时候，可以模仿电视剧里面的角色，用“多谢小主”或者“多有得罪，还望海涵”这样的句子来表达谢意或者歉意；用平易近人的口气自言自语地说“那可真是谢谢你了啊”也可以。

或者像“哈喽啊，饭已OK了，下来‘咪西’吧”“我的心啊，拔凉拔凉滴”这样，模仿小品表演或者喜剧里的片段也很不错。总之，就是心里有个角落一直是天真无邪、幽默风趣的。

POINT

幽默交谈，心不会烦。

第 3 章

时间和金钱使用方法篇

让双方生活都愉悦、舒适的规矩

兴趣爱好

25

很想利用休息日或者晚上，去见一见朋友或者花时间在自己的兴趣爱好上。你肯定也有过这样的打算。

“下周日，我想和小××一起去打高尔夫，可以吗？”

“我和同事约好这周五晚上和他们一起聚一聚……”

丈夫或者妻子听到这些话，肯定会想说：“嗯嗯，去吧，玩儿得开心点。”

因为夫妻是相互独立的两个成年人，双方都有自己的兴趣和爱好，都有自己想见的人。还是互相尊重、互不干涉比较好。

不过，这过于理想化了，而且现实情况肯定也不这么美好。

“什么？你怎么又要去了啊？”

“你聚不聚会我不管，但是之前是不是告诉过你，我们这个月钱要花光了啊？”

即使最后“方案”通过了，但是总要加上一两句有的没的，进而影响对方的心情和行为。为什么会这样呢？因为夫妻虽有各自的兴趣爱好和人际圈子，但是这些都跟时间和金钱密不可分。对于生活在一起的夫妻来说，双方的时间和金钱都是“共有财产”。如果夫妻任意一方在经济上遇到了危机，另外一方肯定不得不受“牵连”。双方匀出做家务的时间也是想尽量保持公平。

在夫妻任意一方遇到困境的时候，如果另一方只想着“他是他，我是我，我自己的时间和金钱想怎么用就怎么用，不行吗？”的话，就太任意妄为了。

互相尊重对方的兴趣爱好或人际交往的前提就是，两个人在时间和金钱方面一定要保持公平。

小孩还小的时候是“紧急非常事态”

如果说有哪些时候是夫妻双方很难保持公平的，那肯定就是在孩子还很小的时候。大多数时候都是妻子一方从早到晚都在照看孩子。

那么在孩子还很小的这几年，对于家庭这个组织来说就是“紧急非常事态”时期。可以先把“互不干涉，互相尊重对方的时间”这个规矩束之高阁，然后采用“共享彼此的时间和金钱”这个规矩。

在这段时期，要把兴趣爱好和人际交往抛诸脑后。必须避免出现一方在家受苦受累，另一方天天在外面风流快活这种不公平的状况。

有一位丈夫，为了让每天照看孩子很辛苦的妻子能好好地休息一下，就想着："我决定了！下个休息日的时候我来看孩子，让老婆自由自在地出门放松一下。"但是听到他的想法后，他的母亲却训斥了他"你真是什么都不懂"，并且命令他"你带着孩子出门，找个地方玩儿去"。

如果丈夫能带着孩子出去吃顿饭，妻子就可以自由地利用这段时间，可以安心在家休息，也可以去做做头发、买买衣服。关键是把自由选择的权利交给妻子，而不是替她决定她的行动。"原来如此"，这位丈夫恍然大悟，然后按照母亲的建议做了之后，妻子果然很开心、很满足。

不要觉得"我们夫妻双方比较自由，互不干涉"，然后就疏忽大意了，如果能定期检查"当下，夫妻两人的时间和金钱是平等的吗"这件事，也许就能避开一些意想不到的危机。

POINT

留心时间和金钱是否平等。

26

○ 两人一起看电视

× 各玩儿各的手机

早饭的餐桌旁，老爸展开大大的报纸，老妈在旁边说道：“别看了，别看了！”这是不是以前很常见的场景？

就是因为你爸一个人看着报纸不和别人交流，也阻碍了餐桌上别人的交流，这太不礼貌了，所以才斥责了他——这是来自妈妈的提醒。

但是在现代家庭，更为恶劣的情景却在每个家庭不断上演——因为我们有手机了。

手机的好处是有“单独性”。每个人都可以在自己喜欢的时间看自己喜欢的内容。这样会产生什么样的结果呢？那就是，家人之间、夫妻之间的对话会显著减少。从早到晚、从餐厅到客厅，每个家庭成员都抱着各自的手机刷刷、看看，家里面变得十分安静。

在报纸和手机之间，还有一个电视时代。相信刚有电视的时候，每个家庭也都制订了“吃饭的时候不看电视”的规矩。

但是，看电视的时候家庭成员们都是朝着同一个方向看过去的，从沟通交流的角度来看还稍微好一点儿。两口子一边看着电视，一边聊“这个演员演技真不怎么样”，或者“我想看那种唱歌的节目”之类的，两个人还能说说话。电视内容也可以作为话题的素材，促使夫妻多多沟通。

但是如果是手机的话，就不一样了。各自看着想看的内容，无法和对方共享；一起哭、一起笑的机会也减少了不少。

作为联络工具，手机确实很方便，现如今人们的生活也越来越离不开手机了。但是，如果从夫妻对话的角度考虑，确实有需要改善的地方。

具体来说，可以制订一些规则，比如，“在客厅不能玩儿手机”“玩儿手机的时候需要宣告‘我玩会儿手机哦’”。

或者在这个时候，也可以有意地去看电视，这也是一个不错的选择。

两个人，或者和所有家人一起在电视上放电影或者看电视剧、体育比赛之类的都可以。离开手机可能稍微有点儿不方便，但是一定要有一个全家人在一起很开心、很享受的空间。

另外，用电视玩儿游戏，或者下棋等活动，从沟通的角度出发也是值得借鉴的。

互相了解之后再在社交网络上发帖子

和手机一样，正在逐渐束缚现代家庭的还有社交网络。有的人不管发生什么事都想拍照片发到朋友圈；还有的人完全不用社交网络。在这一点上，人们的价值观可谓天差地别。

因为不管是手机还是社交网络，都离不开朋友或者社交关系，所以很难制订规则来约束，但是我们可以约法三章：一旦发现手机或者社交网络阻碍了夫妻之间的交流，就可以给予它一些制约。

还有一点，如果想把伴侣或者孩子的照片发到网上的话，一定要先征得对方的同意。如果对方说"不行"，那正好就是你们开始交流的契机。

"我想让我朋友和爸妈都看看，向他们炫耀炫耀""不行，我不想让同事们看到，太不好意思了"之类的，就和遇到其他事情一样，应该对此不断认真、温柔地交谈，然后找到相互之间的妥协点。

很多人被手机和社交网络的便利性、新鲜感所俘获，沉迷其中，无法和它们保持适当的距离。正是面对那些迷惑不解的事情时，夫妻间才更应该制订好规则和标准。

POINT

不要让新技术搅乱了夫妻关系。

难言之隐

27

✕ 独自克服困难

○ 不管三七二十一，先拉着TA商量商量

"公司业绩下滑，没有年终奖金了……"

"需要花钱的地方比我想的多，这个月花销有点儿紧张了……"

你肯定也遇到过这种小麻烦，陷入过这种困境吧？

每每这个时候，人们很容易选择的一种做法是，为了不让另一半担心，什么都不告诉TA，只是自己想办法解决。肯定有人会给自己施加压力，想"这是我自己的问题"，或"我们之前说好了尽量不给对方添麻烦"。

或者只是因为觉得告诉对方太麻烦了而选择沉默；或者是怕太伤自尊了而选择沉默。

但是，遇到麻烦的时候，只有自己默默承担是不行的。仅仅是信息延迟都有可能造成"团队"的"全军覆没"，更别说遇到麻烦的时候了。可能还在你犹豫不决的时候，这个麻烦已经变得越来越棘手了。

"今天部长通知我们，说今年的奖金可能要泡汤了。"

"这个月的朋友聚会太多了，这个月份的花销可能要超支了。"

在这种时候，模仿向上司汇报的语气说明发生了某事，应该就可以一定程度上减少“害羞”“尴尬”这样的纠结；或者为了避免沉重的气氛，选择用轻快、明朗的语气向对方汇报也是可行的。“对不起”“抱歉”这样的话能不说就尽量不说。比起这些话，更重要的是尽早地向对方传达，一定不能让TA从其他渠道（如共同好友）那里听到这些消息。

先向对方做了汇报之后，既可以以“但是我准备再和公司交涉一下”这样告诉TA，你准备自己解决这个问题，也可以说出“我撑不下去了，怎么办才好”这样的话语，和TA一起商量商量。

找个人一起聊一聊你的烦心事，很多时候就可以让心情放松下来，甚至有可能不经意间就能发现解决问题的突破口。

所以，一定不要一个人背负着烦恼、随意地做出判断；即使你处理好了眼下的困境，但是之后如果还是被TA知道了这件事，TA也会免不了生闷气。

“TA都没有告诉我”“有问题也没有找我商量”“说好的人生伴侣呢”等想法，会让TA记一辈子仇。

当TA找你商量时，要尽量保持冷静

不能不提的一点是，如果在你遇到危机的时候由自己承担和解决，那么等到对方也遇到困难的时候，如果你想着“我必须做点什么”，然后不断给自己施压。久而久之，就会成为夫妻相处的一个巨大的风险。

与此同时，如果你的另一半找你倾诉TA所遇到的危机和麻烦，那你最好选择冷静地倾听。当然，你很可能会感到震惊，但是最好能忍耐一下，不要说“啥？怎么回事？”这样自乱阵脚的话，或者出现“你到底想干什么啊？”这样的斥责。

TA本来只是内心在动摇，但是如果找你倾诉却被你以这样的方式拒之门外的话，会让TA陷入更深的慌乱和恐惧中。

当对方找你汇报的时候，即使不是发自内心的，也请先冷静地说：“谢谢你告诉我这些。”“原来是这样啊，那你肯定很烦恼吧。我们该怎么办呢？”

因为只要你向对方展示了“我们一起解决这个问题”的姿态，那么TA也会慢慢地冷静下来。

POINT

越是难开口的难题，越要早点沟通。

关于金钱的话题

28

○ 定期召开家庭经营会议

× 避开比较现实的金钱话题

"有关钱的话题，不想在夫妻间毫无保留地讨论。"

"我父母也说过，不要在孩子面前谈钱的事情。"

"我家经济大权都在TA的手里，我什么都不知道。"

如何使用金钱，可以如实地反映出这个人的生活方式和性格，是自由散漫、大大咧咧，还是一丝不苟、小里小气。

不想和自己的另一半开诚布公地聊金钱的话题，更不想让孩子听到相关的内容，所以，尽量不聊这个话题也能把事情办好，或者全权交给对方，自己毫不干涉。是否有很多这样的家庭？

但是，所谓夫妻，就是"某某家"这个"风险企业"的共同经营者。所以，无视金钱的动向当然不能正常经营企业，要和对方一起成为财务经理，共同管理企业。

那么，怎样才能和另一半一起好好聊一聊金钱的话题呢？

首先，我建议先认真决定好商议的时间和地点。不是像"下回再聊吧"或者"有机会再聊吧"这样随口一说，而要像"明天晚上7点开始""每个月10日的晚上"一样，确定好具体的时间和地点。

然后，如果夫妻哪一方在那个时间不太方便的话，要好好地和对方商量并修改日期。“那一天我有事，改到第二天的同一个时间可以吗？改到从周日晚7点开始吧”，要像这样好好地重新约好时间。

每个月召开一次“经营会议”

我们家会每个月召开一次名为“经营会议”的小会，梳理一下家里的经济状况。我们家夫妻两个人都是个体户，每个月不会有固定的工资打到卡里。两个人的经营状况和家里的收支情况息息相关，所以这个月有多少收入，有多少花销，买了什么大件的东西，下个月有什么打算，等等，这些信息我们都会和对方共享。

这样听上去感觉还不错，但是夫妻两个人的经营情况总是有好有坏的。就和普通的公司一样，经营状况好的时候，会议的气氛也会很好；但是经营状况不景气的时候，感觉周围的空气都要凝固了。那么这种时候我们该怎么做才好呢？

下面的小诀窍不仅限于聊金钱话题的时候，只要是夫妻二人要聊一些难以开口的话题的时候都可以用到。

首先，**要杜绝两个人隔着桌子面对面交谈，因为这样**

会产生一种敌对心理。很可能导致话不投机半句多，最后变成一场争执。

所以不要面对面坐，而要并列坐成一排。夫妻二人朝着同一个方向，可以制造出一种温和的氛围。不管是心理上还是生理上，两人都是“一起看着同一个方向”的。这么做真的很有效。

所以我家都是两个人并排坐在一起，一边看着账簿上的数字，一边噼里啪啦地敲着计算器，一边盘算，聊着类似“这个月余了这么多钱”“这些钱存到哪里比较好呢”“下个月要不要换个洗衣机啊”这样的话题。

不管是什么样的家庭，即使做不到一个月一次，也一定要至少几个月召开一次“经营会议”。因为这样可以让两个人和“家里的钱”产生关联，并且负起各自的责任。

“钱是肮脏的”“不能让天真无邪的孩子听到关于钱的话题”，这些观念已经过时了。夫妻间应该频繁地聊一聊或考虑一下金钱的问题。

可以说，从小向孩子灌输正确的金钱观，是为了让孩子一辈子不愁吃穿的必要的教育。

POINT

难言之隐，请并排坐好之后再聊。

关于购物

29

○ 持续摸索出双方可以妥协的地方

× 把自己的偏好强加于人

"到底什么才是幸福啊？"

"我觉得是没有什么大风大浪的平凡地度过一生。"

"那你的意思是，正在平凡地生活着的我们就是幸福的吗？"

"我觉得是！"

这是在我家里发生过的一段对话。因为我喜欢这样的问答会话方式，所以出于兴趣，经常和爱人这样聊天，这也是一个很好的可以确认双方对未来的规划是什么样的机会。

夫妻二人对未来的大方面的规划一旦确定了，那么对金钱的大致用法也就自然而然确定了。

夫妻二人为了敲定家里的钱要怎么花，有必要开一个正式的"经营会议"，但是像下面这样的对话也很重要。

"沙发差不多该换了，再买个新的吧。"

"啊？不是还能继续用吗？换新的太费钱了。"

特别是当需要买一些贵重东西的时候，夫妻间很容易产生这样的分歧，但是说到购物，两个人你一言我一语地要这样、要那样地发生争执也并不是一件坏事。

因为这正是决定两个人行动方向的契机。

话说回来，买不买沙发、如果买的话买什么价位的、选择什么样的设计和性能，等等，购物的时候一定会面临类似这样的选择。

夫妻二人共同来做这些选择，有助于发现双方的价值观和所憧憬的目标，所以我们说购物即生活。夫妻二人的每一次购物，都是对双方价值观的一次磨合。

两个人一起购物的时候，蛮横地让对方同意自己的意见，或者把自己的苛求强加于人都是不可取的。

我再重复一遍，家里的钱（不管是谁赚的）是属于夫妻二人的，所以不能单方面决定这笔钱的去处，也不能在把经济大权交给对方之后却又对钱的使用说三道四。

空间和金钱都互相谦让

说到家里购物这件事，除了金钱问题，还有一个“空间”问题要考虑。

有一次，我没有和爱人商量就自作主张买了一台空气净化器。不是很贵，而且很实用，所以我想都没想就买了下来，但是东西到了之后，爱人嫌弃它的设计不好看而开始“吐槽”。

那个时候我第一次意识到了这件事我没办好。我想的是，这个空气净化器要放在我们两个人共同生活的空间里，日常生活中会天天看到它，我不应该擅作主张。

比如，丈夫想买最新款家电，让生活更便利，而妻子只想简约、舒适地生活，类似这样仅仅是关于空间的使用，夫妻之间就各自有拘泥和讲究。那么购物的时候，双方价值观的不同是不是就更加明显了？

肯定有两个人的想法互相碰撞的时候，这时一定要互相谦让。

应该有很多时候，对方的价值观会对自己有意想不到的正面的影响，另外，即使有一些摩擦，也是所谓的共同生活中多多少少不可避免的。

POINT

购物是磨合价值观的好时机。

选择

30

○ 必须是双方一起做决定

× 一方负责做决定

到了旅游目的地，一边看着地图一边走着的丈夫，以及在一旁的妻子说着：

“好像走错了？”

“哎呀，你怎么看的地图啊，你好好看看呀！”

好不容易找到了旅馆，看看窗外的景色。

“啊……风景一般啊。”

“预订房间的时候你不是还说这个房间不错的吗？”

你和TA去旅游的时候有没有遇到过这样的场景呢？不管在哪个场景中，应该都是被“吐槽”的那个人更容易火冒三丈。

TA想，“我已经努力完成好了自己的任务，可是你明明什么都没做还喋喋不休地埋怨我”。

如果丈夫是“地图担当”，妻子是“订旅馆担当”，两个人分工合作，各有“主担当”的话倒没什么问题，但并不是说把所有的担子全权交给主负责人后你就可以撒手不管了。

要去哪儿，怎么去，把这些决定完全交给丈夫，妻子跟着他走就可以了；宾馆的预订和交涉完全交给妻子，丈夫去订好的房间里睡觉就可以了。这样是不行的，即使主负责人起领头作用，副负责人也要有所参与。万一主负责人遇到什么困难，副负责人应该能挺身而出帮TA搞定。

不要小看对方“为了做选择而花费的工夫”

旅行、搬家、孩子的择校等问题不断出现，人生就是在无休无止地做选择。

越是这种小的选择，越容易让夫妻间产生摩擦。我们要记住，“选择是夫妻之间的陷阱”，因为人们很容易轻视别人“做选择”“做决断”的行为。

“你随便决定吧。”

“什么都可以，你来定夺吧。”

应该有很多人经常这样没有恶意地随口一说。

但是实际上，调查一些事情并且做出选择是非常需要体力和智慧的。虽然网络上的信息看似成千上万、唾手可得，实际上做决定时反而更加浪费时间。人们越长大越不易接受失败，所以不得不慎重地进行选择。

不就是去哪里玩儿吗，不就是晚饭吃什么吗，不就是休息日的时候开车去哪里吗……但实际上，做出这些看似很小的决定也很不容易。

但是如果你没有发现其中的辛苦之处，而是把这些决定一股脑儿地全部抛给对方，最后还抱怨TA做得不好，那两个人肯定要闹别扭。所以大的原则就是：一定要两个人一起做决定（那样才不会有牢骚，也不可能有牢骚）。

反之，主负责人自己觉得“这是我擅长的事情”，不管什么事都轻率地决定也是不行的。重点是要问问对方“这样可以吗？”“你觉得怎么样？”要征得TA的同意，让TA和这件事情产生关联。你在平常工作中会用到的“让TA在这之后没有牢骚可发”的小技巧，也可以在夫妻之间（稳妥地）用一用。

POINT

决断是重活，不要交给对方后就置身事外。

兴趣爱好

31

○ 姑且先邀请对方试试

× 不管TA，一个人去happy

“我和我家那位经常在放假的时候一起去打我们两个人都喜欢的高尔夫球，每次都打个痛快。”

“我们经常一起看电影，然后互相聊聊感想，我们喜欢的电影类型也是一样的！”

能说出这些话的夫妻，是多么的幸运啊，至少在兴趣爱好这方面不太有可能产生什么摩擦。但是夫妻二人喜欢的事物或者爱好能百分之百一致的情况实在是凤毛麟角。

大多数情况应该是丈夫和妻子各有各的爱好，且时常产生分歧。在这种时候，两个人该如何沟通交流比较好呢？

首先应该做到的就是，向对方明确传达自己喜好的事物、感兴趣的事情。

比如，这样说：“我接下来想去海钓，首先得坐钓鱼船到海面上，所以差不多得花一整天时间。”如果有更加具体的信息，比如，要从哪里乘坐钓鱼船、和谁一起去、大概花多少钱，等等，如果对方问起也要好好向TA解释。

虽然听起来有点儿麻烦，但是现在好好解释说明，就能避免之后有可能出现的如“我之前可没听你这么说过”“要花这么多钱啊”那样的争执。然后，试着邀请对方，问问TA要不要一起去也是很关键的，这应该说是最起码的礼貌。千万不要自作主张地认为，“TA应该不感兴趣吧”“TA肯定不懂这件事的乐趣”。

我非常理解你心里的“这是我自己的‘圣域’，所以想保证时间和质量”这个想法，但是向伴侣展示“我想和TA一起分享快乐”的姿态，可以避免日后的很多麻烦。

虽说如此，但是如果对方明明不想参与，你却非要硬拉TA陪伴自己也不行。年轻的时候，虽然被男朋友带到海边，自己却一直在沙滩上看着他冲浪，你有没有过类似这种悲喜交加的体验呢？对男朋友来说，想向女朋友展示自己乘风破浪的酷帅；对女朋友来说，也想欣赏潇洒帅气的他。但是说实话，肯定有不少人会觉得太冷了、太热了，或者太无聊了。

那么，如果对方向你进行了解释说明，或者邀请了你，努力向TA展示出自己对TA的理解和体谅也很重要。虽然可能TA的爱好和自己的爱好相差十万八千里，你还完全无法理解TA的乐趣，但是也请试着去理解和体会。

试着说“我可以去吗？”以获得许可

那么，在我们想利用节假日做自己想做的事情时，不要说“这周日，我要去打高尔夫喽”，而是像“这周日，我能去打高尔夫吗？”这样说，以获得对方的许可，这是最基本的。

你可能会质疑，在家人那里还需要许可吗？我们应该把节假日当成夫妻（或者家人）的时间财产（不是在节假日的时候也一样）。不可以自作主张，尤其是在有年纪比较小的孩子的家庭中更是如此。

“这周日，我们有什么安排来着？”

要像这样，首先向对方确认一下有没有什么安排。要在确定夫妻或者家人没有安排的前提下再说“那我去……可以吗？”而获得许可。

“自己的时间不仅属于自己，更是夫妻两个人的”，我们要在日常生活中把这个想法装在心里，这样，万一遇到什么紧急情况就可以随机应变。

POINT

节假日是夫妻的共同“财产”。

夫妻关系和工作之间的平衡

32

○ 工作再累，回到家也要尽自己的义务

✕ 工作太累了，回家只想躺着

对于一对夫妻来说，最容易成为敌人的就是——工作的存在。

工作太忙了，没时间和TA聊天。

工作太忙了，顾不上带孩子。

工作太忙了，回到家什么都不想做……

我们要如何平衡夫妻关系和工作呢？

首先要注意的一个前提就是，工作优先于家庭这个想法是不可取的。

当然，我非常理解你的心情。工作也很重要，为了赚钱，为了实现自己的价值，工作上肯定不能“偷工减料”。

虽说如此，但在和工作相辅相成的家庭、夫妻关系方面也绝对不能敷衍了事。之前也说过，夫妻关系一旦破裂，不论是你的工作、未来，还是日常生活，所有的一切都会产生裂痕。再夸张一点儿说，如果能维持好夫妻之间的友好关系，即使没有工作也能好好过下去。反之，如果牺牲夫妻关系而去拼命工作，结果也并不一定圆满。

也许你又会问，不管是在外面还是在家里，我都应该不顾一切地拼命干吗？当然也不行。

妻子和丈夫都筋疲力尽，在家累得什么都做不了，也是肯定会有的情况。

在这种时候，首先应该做的就是——进行夫妻间的沟通和交流。越是筋疲力尽的时候，越应该努力沟通。告诉TA“我很累”，提议“今天去外面吃吧”，或者发发牢骚、听听抱怨。如果能做到这些，那夫妻关系应该就能变得和谐、美满，家里也会充满正能量。

再说得极端一点儿，如果夫妻二人能时刻充满活力地侃侃而谈，那么即使家里稍微脏乱一点儿、带孩子稍微随意一点儿，也会欢声笑语、幸福美满。

我有位男性朋友（已婚），工作结束后回家的时候，会在家门前拍拍自己的脸颊，给自己加油打气。

据他说，“只是想‘工作模式已结束’这样还不够，还要对自己说‘好了！从现在起，要开始这个叫作‘家庭’的工作了哦！’这样重新给自己加油打气才行”。可能听起来稍微有些不近人情，但是他有这个觉悟实在是让人佩服。

“工作把我累坏了，已经没有任何多余的力气做其他事了”，如果你是这样的情况，也许说明是你的工作方式或者你的工作有问题，最好尽早改善一下工作环境。

有关工作的话题要积极地互相探讨

想在工作和家庭之间取得平衡还有一个诀窍，就是“把和TA聊自己的工作”当成日常的事。当下手头上的工作内容、工作伙伴，等等，都可以积极地在夫妻间互相分享。这样做，首先，简单的话题、共同的话题就会增多，交流起来更得心应手；同时，一旦遇到突发事件，两人沟通起来也会很顺畅。

“抱歉，之前跟你说的那个工作遇到了点儿小麻烦，今天要晚点儿回家了！”

“之前跟你说的那个小××，他邀请我一起去喝酒，我可以去吗？”

如果你担心TA对这个不会感兴趣，或者认为“这件事跟TA又没关系”而不说的话，不仅两人间的话题会减少，还会越来越不懂对方在说什么。家务活可以马马虎虎，但对话一定要尽心尽力，因此，要把一些工作的话题带回家。

POINT

工作再累也要努力对话。

节假日的工作

33

✕ 只说一句『我该去工作了』就草草终止对话

○ 拜托对方说『让我去处理一下工作吧』

丈夫："这周日和上司说好了要一起去打高尔夫球。"

孩子："啊？我们不是说好了周日要去游乐园的吗！？"

妻子："不能通融一下吗？"

丈夫："虽说是打高尔夫，那也是工作啊，我有什么办法啊。"

孩子："呜——哇！"（大哭）

在以前的一些家庭电视剧里面，这样的场景经常出现，可是这样的状况，到了现在，也有一些地方仍没有多少改变。如今，夫妻双方都工作的家庭越来越多，有很多人认为，女性当然也要"工作优先于一切"。

正是这些人很容易说出"工作就是为了家人"这样的话，或者心里出现"什么？不工作哪儿来的钱吃饭""为了让家人吃饱饭，我一直在不要命地工作"之类的想法。所以情况就会变成，不管是周日还是什么时候，只要有工作就把工作放在第一位，但是真的是这样吗？

当然，工作和劳动主要是为了支撑家庭生计。但是人们工作应该还有其他理由，如与人生价值或是与自信有关的很重要的东西。有的人工作起来会乐在其中、不可自拔，还有的时候能获得一些从家庭里解放出来的、宝贵的“中场休息”时间。

也就是说，虽说是工作，但其中也有一些因为自己想做而去做的成分。但是，把约定好和另一半或者家人一起度过的时间用来工作的话，就违反约定了。拿“因为是工作，我也没办法”的免罪金牌是派不上用场的。

一般来说，回到家之后，珍惜和伴侣、家人在一起的时间才是“本职工作”，也是最应该做的事情，夫妻双方的工作，对于家庭来说也不过是“副业”罢了。

等说完“手机时间到喽”之后再打开手机

要想在“夫妻和家人时间”内工作的话，需要获得对方的许可，这是一种礼节。也就是说，必须要向对方做出“副业申请”。

不是说“这周日我要工作”，而要问“这周日领导给我安排了工作，我能不能去做呀？”而且，如果能在开头的时候加一句“抱歉”就更完美了。

不只节假日，比如，在晚上不得不工作的时候，这种做法也同样适用。

有时，我在晚上想回复一些工作邮件的时候，会先问一下妻子“我回一封邮件可以吗？”然后再打开电脑；当两个人一起准备晚饭的时候，如果只有自己悠哉游哉地去工作了，这是很不礼貌的。我的爱人也是一样，她会说“现在有位客人来找我咨询了，所以让我去回复一下”而来遵守家庭的规定。

此外，我们家的这种礼节不仅限于工作的时候。

两个人在“家”这个共同的空间生活的时候，想查看社交网络或者玩儿手机的时候，我们都会说“现在开始是手机时间啦”。因为**即使是双方的手机时间，在家里也算是“副业”了**。你可能觉得，设置这么多条条框框实在是太麻烦了，但是只有这样想，才能让夫妻二人更加友好地相处。

另外，也许有的人会有“现在就想好好工作，想把所有时间都用来工作”这样的想法。在这种时候，只要向对方说明，并且取得了对方的同意的话，当然没有任何问题。夫妻间以什么样的形式相处都可以，关键是，这种形式一定要是夫妻双方能认可并且接受的。

POINT

只说“因为这是工作啊”不是免罪金牌。

不想让对方做的事情

34

×

生气地说出『别这样！』

○

向对方解释『因为某种理由，所以希望以后不要……』

“你为什么老是睡觉不关灯啊？”

“能不能别一天天的老是盯着手机？”

你有没有这样不假思索地说过自己的丈夫或者妻子，或者被自己的丈夫或妻子这样说过？

夫妻间相处，不可能时时刻刻都和和美美的。肯定有些时候会对TA的某些行为忍无可忍、怒火中烧，然后将自己的想法劈头盖脸地脱口而出，但是这种做法并无益于夫妻间的沟通交流。可能在你脱口而出的一瞬间心里舒畅了不少，可是也仅限于此了。这样劈头盖脸地数落对方一顿，反而会让你的个人形象变得越来越凶神恶煞。如果你还能保持一丝丝理智，那么最好不要发怒，而要留心去“说明”情况。

“你睡觉的时候一直开着灯，不仅浪费电，而且我在旁边的房间睡觉会因光线太亮而中途醒来，所以我希望你睡觉的时候能把灯关上。”

“我们好不容易在一个房间里面，你还一直盯着手机看，这会让我感到很孤独。所以我希望你能把看手机的时间缩短一点儿。”

这个时候很容易说出口的话是“因为你在沙发上睡很容易感冒”等听起来好像是为了对方着想似的理由。这些话，说出口的人可能会自我感觉良好，但是听进耳的人有可能会觉得“你真是多管闲事”而无法产生共鸣。而且那个说话的人，如果认真听一听自己的心声就会发现，大部分情况下，想要对方做什么事，到最后其实都是为了自己。

比如，嘴上说着“你小心别感冒了”，其实心里想的是，“你要是感冒的话我还得带你去看病，很浪费我的时间”“我要是被你传染了可就糟了”。因此，在这种时候，至少要说一说你自己是怎么想的，之前也写到过，释放“I信息”很关键。但这并不是你自己“我行我素的意见”，在对别人进行干涉之前，要先抛出自己的意见，这是双方交谈和沟通时的黄金守则。与其说“都是为了TA着想”而把自己的想法强加于人，不如进行一些更加诚实、更加直接的沟通。这样的话，对方很可能会说“知道啦”“抱歉，我了解了”而出乎意料又爽快地接受。

像在解释说明一样也没关系

“哎呀，等一下！我并没有可以用来说明情况的具体理由呀！”

我经常听到这样的呼声，我非常理解。有时，对有些事就是会有生理上的厌恶，没有什么理由，就是感觉“讨厌就是讨厌”。这时，只是解释“不知道怎么回事，我就是不喜欢……”也可以；简单地说“我不喜欢这样，希望你不要这样做”“这些话会踩到我的雷区，所以希望你以后不要这么说了”也可以。也就是说，不是条理清晰地解释说明，而单单是看起来像在解释说明一样也没关系。

“虽然我不祈求你能立马改变，但是我想告诉你，你可以努力的目标。”

“虽然不知道能不能正确地向你传达，但是我希望有几件事你不要再做了。”

建议你们先说这样的话，然后再开始聊正题。不仅可以让自己稍微头脑冷静一点儿，也可以让对方感受到“啊！TA是认真的”而端坐并正视问题。或至少说一句“有时间的话，我们聊一聊吧”也没关系，但请一定要开口试一试。

POINT

“我是这样想的，所以希望你不要再……了”是基本句型。

夫妻二人的计划

35

○ 改变计划之前一定要好好协商

× 不和对方商量就自己改变计划

妻子："今天大概几点回来？"

丈夫："啊！今天要和同事们一起聚聚，不回家吃晚饭了。"

妻子："……"

妻子："孩子外婆说这周日要过来玩儿。"

孩子："哦……耶！！"

丈夫："……"（嗯？不是说好那天要去家电商场买电视的吗？）

以上是没有经过对方的同意就擅作主张地改变了原先计划的场景。

碰面、商谈、签约、进货时间，等等，这些工作上的约定很多人都会严格遵守，或者准备去严格遵守。双方暂且做好的约定，是人际关系的基石。

正因为人们遵守约定，才不会迟到，不会无故缺席，更不会随意改约；即使真的遇到了无法履行约定的情况，也会立即找对方商量，拜托对方换个时间。

但是，不知道为什么，夫妻之间的各种约定，往往会变成“差不多得了”“随便”的结果。这也是很多夫妻遇到麻烦的根源。

正因为是自己的人生伴侣，是自己的另一半，所以说好的约定才更应该严格遵守，更应该认真对待。没有按时赴约或是擅自改变了计划，就相当于直接向TA发出了“我根本不关心和你之间的关系会如何”的信号。所以，如果遇到实在脱不开身的情况，比较理想的处理方式是，对TA说：

“虽然说好了周四晚上我来带孩子，但是我好像会有新的工作安排。”

“啊？我那天晚上有聚餐啊，现在也取消不了了。”

“这可怎么办呢？”

像上面这样，夫妻二人可以冷静地聊一聊。“我们现在开始聊的都只是协商，不是单方面的要求你做这个、做那个，而是想和你一起想一想，有没有什么好的解决办法。”虽然这种说法有些过于严肃，但是只有这样首先告诉对方自己的想法之后，TA才不会产生“什么情况”“你突然这么说，对我来说可太难办了”这样的困扰。

发言之前先思考一秒

你会想“不就是个约定吗？”“夫妻之间还是随机应变一点儿吧。”

你的心情我非常理解。确实，这并不是工作，家人之间也许更应该互相通融、网开一面。如果夫妻双方都是这么认为的，那就没什么问题，但是，事实上，在这方面很少有夫妻能保持意见一致。“我可以偷懒，但是你必须好好干啊”，这就是人性。所以，把谈话时的氛围调整到多少显得有点儿客气见外的程度是最好的，并且要细心留意自己说话的方式。

在告诉丈夫或者妻子自己要失约之前，可以先用一瞬间思考一下，“我会对客户这样说话吗？”“如果是面对老板，我会怎么说呢？”

不管是用一秒还是两秒，沟通效果都会立竿见影。

POINT

夫妻间的约定和工作中的签约、交货期是一样重要的。

第 4 章

日常生活篇

让爱情保鲜的秘诀

称　呼

36

○ 用名字或昵称来称呼对方

× 称呼对方为『孩子他爸』『孩子他妈』

说到夫妻间的沟通，经常成为话题的就是对彼此的“称呼”。

一旦开始围绕孩子生活，就会开始称呼对方为“孩子他爸”“孩子他妈”，即使孩子不在场，除了“孩子他爸”“孩子他妈”之外也没什么可叫的了。

别小看一个称呼，其实里面的学问有很多。

一直用别人的姓氏称呼TA为“小××”，但是从某一天开始，突然用别人的名字来称呼TA的话（如：白展堂→展堂），两个人心理上的距离会一下子拉近。

反过来，比如关系不错的前辈升职了，所以开始称呼TA为“××部长”，这样虽然表达了自己的敬意，但是心理上的距离却拉远了，感觉以后会很难再邀请TA一起出来喝酒聚餐了。

就像上面说的，“如何称呼别人”是决定和这个人的距离的关键性的一步。

结婚之前只用名字（如“湘玉”）或者昵称来称呼对方的两个人，开始互相叫对方“孩子他爸”“孩子他妈”，那大概率是两个人之间的关系发生了变化。

而且，有孩子的家庭，本来就很容易以孩子为中心展开交谈。比如，通过孩子传话，或者所有的话题都围绕孩子展开。

像这样互相称呼对方“孩子他爸”“孩子他妈”，在家也一直在尽自己“当爸”“当妈”的责任，时间久了会让两人作为夫妻的存在感越来越弱。因为夫妻两个人只聊一些无聊、乏味的话题，而讲自己事情的机会会逐渐减少。

等将来孩子成家立业、独立生活之后，两个人会无话可聊，开始叫对方“喂”“哟”，再往后就会以孙子为中心而叫对方“孩子他爷爷/姥爷”“孩子他奶奶/姥姥”了……

当然，这种叫法会让人有种“我们成为家人啦”的感觉，如果夫妻双方觉得很满意的话也没有什么问题。但是，当你有“我们是不是进入倦怠期了”“想回到恋爱时的那种小鹿乱撞的感觉”这种想法的时候，还是改变一下称呼比较好。

如果只有夫妻两个人单独出行时，最好不要用“孩子他爸”“孩子他妈”这样的称呼。两人间交谈时最好选择一些无关孩子的话题。要不要试一试这样的“复原约会”“修复约会”呢？

可能一开始会有点儿害羞，但是应该会有焕然一新的感觉出现。

在外面也要注意称呼TA的方式

我们经常探讨的一个话题就是，当有第三个人在场的时候，我们要怎么称呼（或者提及）自己的伴侣。

老婆、妻子、太太、夫人、媳妇、内人……

老公、丈夫、先生、我家那位、爱人、××（名字）……

我有一对朋友，刚结婚的时候，妻子就向丈夫提出了一个请求："希望你在外面不要叫我老婆，而要叫我太太，因为叫太太我能感觉到是被尊重的。"

肯定会有丈夫对妻子说"我是想只叫你的名字，但是在其他人中间就显得太扎眼了""公司的其他同事都用老婆称呼自己的妻子，所以我想和他们一样"这些情况，但是如果可能的话，还是尽量优先满足另一半对你的期望吧。

也许你会想"不就是个称呼吗"，但是就像我们说的，名如其人，怎么称呼对方是确定双方关系的关键。

试着和TA谈一谈"你想让我叫你什么"这个话题吧。

POINT

想改善关系，先改变称呼。

肌肤接触

37

○ 从肌肤接触开始

× 烦恼于没有性生活

即使夫妻两个人是自由恋爱结婚的，随着人生舞台的转变，夫妻关系也会慢慢发生变化。其中，有不少人都会烦恼于缺少性生活。

性生活是确保双方互相信任的一个很重要的因素，但是这最多只是一个手段，而不是目的。你们的目的是家庭氛围和谐、夫妻关系美满，即使不采用性生活这个手段，只要能用其他方法让夫妻两个人能顺畅沟通，也是可行的。主要问题在于，出现了因为性生活的减少，而导致两人关系变差的情况。

如果丈夫或妻子单方面希望拥有性生活，或者对于没有性生活这件事感到苦恼或者悲观，但是感觉另一半却完全没有兴致的样子，或者好像在逃避这件事。当双方所期待的事情完全不同，就成了一个难题。

在这种情况下，比较理想的做法是：夫妻双方坐下来好好谈一谈，抓到解决问题的头绪。但实际上，遇到这种问题的夫妻，交谈起来难度是非常大的。

本来关于性的话题就和钱的话题一样，在家里很容易被当作一种禁忌。已经成为家人的两个人，可能多少会觉得“老夫老妻的还提这个话题，太害羞了吧”，所以并不需要勉强自己去聊这个话题。不管是对于提出话题的人，还是听的人，“害羞度”都太高了。

你可能会问：“我是不是只能作壁上观，独自忍耐呢？”不是的，其实也有很好的方法。

这个时候，不要想一步登天地想“我的目标是直接来次性生活”，而应首先从拥抱或者身体碰触之类的肌肤接触开始比较好。那些没有性生活的夫妻，本来在日常生活中应该也很少有简单的肌肤接触。如果想着“好，让我们来开始肌肤接触吧”，那么一开始应该也会手足无措。

所以，没有必要大张旗鼓。牵手、轻轻地拥抱、一起跳舞，并排坐在一起看电视的时候把身体倚过去，到约定地点的时候轻拍TA的后背，等等，不管是接触的手法还是级别都五花八门、各式各样。

其中，击掌这个行为也向初步尝试肌肤接触者推荐，比如，当你们抱着很重的东西回家的时候，可以说：

“哎呀，沉死我了。终于到家了。你看我们是不是很厉害？”

“太厉害了，我们都太棒啦！耶！”

然后击掌，或者握手也可以。足球比赛之后趁着高兴劲儿说“让我们祝贺他们踢了一场精彩的比赛吧”，然后和TA紧紧地握手。这样不会显得太过亲密，但也是能感受到对方身体温度的一个不可小觑的行为。

就像这样，从击掌或者握手开始，试一试各种各样的伴侣之间的肌肤接触吧。慢慢地，就能找回身体上的亲密交流了。

在你侬我侬的时候说一些难以启齿的话

肌肤接触可以一日不落，但仍然没有更深层次的交流的夫妻，也可以试一试在爱意绵绵的时候告诉TA自己关于性生活的真实想法。

“在你侬我侬的时候传达某些想法”，这个技巧不限于用在性生活方面，如果面对其他难以启齿的话题，也可以利用这个小技巧。

如果另一半能理解你“我并不想伤害你，我很尊重你”的本意，那么TA也会欣然侧耳倾听。

POINT　从握手、击掌开始。

38

×

左耳进、右耳出

○

询问对方『到底怎么回事』

"我跟你讲，这周末……"

"……"

"喂，你在听我说话吗？"

"啊？刚才没听。你说什么来着？"

"……算了！"

电视声音太大了，没听清。

正在集中注意力做某件事，根本没听到。

你这样对待过自己的另一半吗？这种做法可不行。

我们之前讲过，夫妻间交流的基础是"不管什么事情都要和另一半分享，不管想到什么事情都要说出来"，但是听的人、被指责的人，应该怎么做呢？

正确答案就是"听"，而且要"超级认真地听""全身心投入地听"。

对方也许在讲一些很重要的话；也许是鼓起勇气在讲一些难言之隐；还有可能是在向你发出一些危机或麻烦的信号。

那么，听到这些话的人，如果只是吊儿郎当地听，不仅很没有礼貌，而且可能会导致巨大的危机。

因为没有好好听TA说话而导致信息和计划出现差池倒还好说，如果导致双方在情绪上闹了别扭局面就不太好挽回了。

停下手里的活，展示出自己要认真听的姿态

说到“听TA讲话”，很多人很不擅长。其实话说回来，跟说话比起来，大多数人更不擅长听话，因为，跟别人的事情比起来，人们总是对自己的事情更加关心。

一边听，一边做其他的事情（看电视或玩儿手机）。

一边听，一边考虑其他的事情（肚子饿了或者想着工作上的事情，等等）。

一边听，一边说“那我告诉你吧”，像这样给对方提出建议。

以上这些听话的方式都是不可取的。正确的听话方式是：先把自己的头脑清空，然后就像和对方合二为一一样，和TA保持共鸣。

话虽这么说，但是希望所有的对话都采取这样的做法

是不现实的。那么在某些时候，我建议你们只在身体、态度上保持“听话模式”就可以了，比如：

把正在看的手机放下。

把水龙头关掉，再问TA一遍“你说什么？”

像上面这样，向对方展示出“我正在听，我有兴趣”的姿态，对方就会知道“TA能继续听我讲话”，然后放下心来继续说这个话题。而且，只要你向对方展现了这样的姿态，TA很有可能还会说“啊，你不忙的时候再说也不迟”“嗯嗯，不是什么重要的事，谢谢你”，而对你表示感谢。

反之，如果对方说出了“那个，我有话要说……”“你先坐下来”这样的话，就证明你们平常交流得太少了。因为平常你很少听TA讲话，所以TA才会表现出“你要好好听我讲话”这样的行为。

POINT

对对方说的再微小的话题都不要左耳进、右耳出。

说出口

39

×

期望对方能觉察出自己的态度

○

直到让对方耳朵磨出茧子为止，要不断地把话说出口

面对低落、消沉的对方，轻抚TA的后背……

为了传达自己的喜悦，满面笑意地面向TA……

有时候，一个动作、一个姿势，或者一个表情，都比一句话更能表达自己的心情。

说到沟通交流，也分为使用语言的交流（言语交流）和以语言以外的信息为主的交流（非言语交流）。

其实，在我们的日常沟通交流中，非言语交流是压倒性的占绝大多数的交流。也就是说，在日常生活中，我们更倾向于不通过语言，而是通过动作、姿势、氛围等来向别人传达自己的想法。

但是，所谓的非言语交流也有它的缺点，那就是“很容易被人误解”。很有可能不能如实地把你的想法传达给对方。

夫妻间有很多沟通方面的误解，就是由于不说出口而靠态度来表达而造成的。

比如，下班回家累得筋疲力尽的时候，你会“哎……”似的叹气，或者很想啪的一下直接横躺下来。这样做当然没有问题，但是如果你的丈夫或者妻子也在场的话，最好还是能开口向TA详细地解释一下当下的状况。

“今天和两个客户见面之后，又在公司开了3个小时的会，后来又有个后辈把工作搞砸了，我还要帮他收拾烂摊子。我已经身心俱疲，要被榨干了……”

如果可以再说类似“能不能让我缓30分钟”“我觉得吃点儿饭就能复活，所以我们早点儿吃晚饭吧”这样的话，把自己对对方的期待表达出来就更完美了。

“唉……”似的一声叹气，表达不当的话很可能让对方觉得“想找碴儿吗？”“有什么不满意的吗？”这就是我们刚才说的非言语交流的弱点。

话已至此，我们只能把心中所想都说出来。没办法，因为我们是和别人居住在一起的。

如果说不出口也要告诉TA“我说不出来”

虽说如此，但是总有一些话我们不能如愿地表达出来。比如，当我们正在吵架，情绪比较亢奋的时候，即使想说什么，也会因为脑子太混乱了而说不出来。

在这种时候，我们要告诉TA“我没法好好表达出来”，如果只是沉默不语，低垂着脑袋，只会让事态越来越恶化。

“我有几句话想说，但是我现在没法总结梳理出来，我正心急火燎的。我并没有生气，稍等一下我再说。”

如果不这么说，对方可能会认为你“什么都不说，实在是太可恶了”。说到底，不管你真的是沉默寡言的性格，还是希望有些话自己不说对方也能明白，在家的时候都要考虑到，最好能经常开口说话。

这样的话，才能让家里的对话量有所上升。

POINT

用态度来表达，产生误解的风险太大。

什么都可以聊

40

"即使想和TA多聊几句，也不知道要说什么。"

"一直都是联系和交代一些事情，已经忘了怎么正常地对话。"

也许有的夫妻会出现上面这些情况。

但是基本上，夫妻间的对话就是"说什么都可以"的，请一定要试着多说"无关紧要的话"。

周边发生的事情、随时瞥到的网络新闻、梦到的内容；

天气、政治、体育赛事；

孩子、猫咪、小狗；

时尚走势、工作、兴趣爱好；

吃的、喝的、甜的、辣的……

什么话题都可以，怎么说都可以，所以不管三七二十一，先开口说话才是最重要的。不管怎样，对话量越多越好。

夫妻，即携手跨过无数苦难的伴侣，也是相处起来很轻松的另一半，同时还是悠然共度一生的没有隔阂的伙伴。

所以，无聊的话题、无所谓的话题、毫无意义的话题、没有结论的话题，等等，请务必都聊一聊。如果聊天内容全部都是关于孩子的未来、休息日的共同安排、父母的养护之类的具体事务方面的，肯定会让人喘不过气来。

常用“吧”“对吧”等语气词

在聊一些无关紧要的话题的时候，需要有一些聊无关紧要的话题时所需的诀窍和规则。

首先，在说话的时候要使用“吧”“对吧”等一些能引起对方共鸣的语气词。这样才能和对方产生情感共鸣，让氛围变得轻松舒适。

反过来，如果使用“肯定……”“绝对是……”这样不容置疑的语气来聊天的话，即使是一些无关痛痒的话题，也很容易让语气变得很僵硬；如果再拙劣一点儿的话，很可能到最后会演变为“不，我觉得不是”“我不这么觉得”而发展成一场争吵。

另外的一个小技巧就是，听话的人不要要求对方说话的逻辑太通顺。

“你说的是什么意思？我完全没听懂。”

“你想说的应该是这样的吧？”

听话时千万不要有这样的反应。如果听到你这样说，对方会变得很紧张，也会考虑“我得好好表达啊”而倍感压力。之后很可能会导致TA因为想着“哎呀，那算了”“我也不知道要说什么了”，而放弃和你沟通。同样地，像“你这样做比较好啊”“那你要不要那样做呢”这样向说话人提出建议也是不行的。

无关紧要的对话的目的，仅仅是为了让对话继续，所以是否具有逻辑不在考虑范围内。如果把这个原则搞错了的话，那就本末倒置了。

有事的时候，好好地、简单易懂地说话（发微信）。

没事的时候，聊一些无关紧要的话题（发微信）。

如果能做到这两点，夫妻间的对话就会增多，关系也会更加亲密。

POINT　用无关紧要的话，增加夫妻间的交流。

41

○ 在外人面前夸赞TA

× 在外人面前贬低TA

“我们公司的人，真的好蠢啊！”

“我真的指望不上上司。”

我经常在酒馆里碰到这样说自己公司坏话的人。当然，每个人多多少少肯定都会对自己的单位有所不满。

但是在公共场所看到这样大声的、一遍又一遍“吐槽”自己公司的人，你听了会不会心情有点儿复杂？甚至有点儿想插一句嘴“吐槽”TA，“那你把工作辞了不就好了”“明明是你自己选择在那里工作的啊”。

在公共场合说自己丈夫或者妻子坏话的人，也一样。

“我老公在家里什么家务都不做，净碍事。”

“我老婆没有做饭的天分……”

可能你只是在逢场作戏，或者这只是一种社交手段或谦虚的表达，但是听到这些话的人，心情应该不会很愉悦。

在另一半的背后说TA的坏话就已经很不友善了，如果是在本人面前，对着第三方诋毁TA，那就更恶劣了。

“这个人，真的是什么家务都不做啊。”

“这家伙，做饭真的是难以下咽。”

被指责的一方介于颜面不会当场反驳，只能任由怒气在心里默默积攒。“趁对方不在的时候在背后说TA坏话”“当着第三个人的面说对方的坏话”，这两种都是很不体面的交流方式，与其这样，还不如只有两个人在场的时候，面对面发牢骚。就像“打是亲、骂是爱，越吵越骂越相爱”那句俗话，说的就是这个意思。

不过，如果话题转到表扬他人的时候，就不能同日而语了。表扬或夸赞别人的时候，直接对本人说当然没问题，当本人不在场时，堂堂正正地夸赞TA也是OK的。人类都有一种，比起当面直接被夸，更喜欢通过其他人传话的间接被夸赞的心理机制。

我们假设有一位丈夫每天都对他的朋友说“我老婆做饭特别厉害”。日后，当这位朋友来他们家里做客的时候，如果对那位妻子说一句“听说您做饭很好吃呀”，这位妻子会很喜悦和满足。

或者，平常就对孩子说：“你妈妈做饭这么好吃，我们都太幸福啦。”当妻子知道后，应该会格外开心。

夫妻间夸赞对方的外表也不会造成困扰

我在前面写过，在表扬对方的时候也有需要注意的事项，因为表扬基本上是“俯视者”做出的一种行为，所以很容易变成某种评价。

但是有一种表扬却不用介意它最后是否会变成评价，那就是在表扬对方外表的时候。

“好帅啊！”

“好可爱啊！”

“你身材好，所以怎么穿都好看……”

“把头发剪了，看起来更清爽了呀！”

尽管当下存在“夸赞职场的同事就是一种性骚扰”这样一种思潮，但是，夫妻间是可以毫无顾忌地夸奖对方外表的。让我们怀着感恩之心不断地夸赞对方吧。

POINT

与其背地里说坏话，不如面对面发牢骚。

出 轨

42

○ 风险太高了，所以不能出轨

× 因为爱情消失了，所以出轨

“人为什么不能出轨啊？”

“要是自己的伴侣出轨了，该怎么办呀？”

“话说回来，怎样才算出轨呢？”

如果在聚餐餐桌上问起这样的问题，大家肯定口沫横飞、针锋相对地来场辩论大赛。仅仅是针对恋爱对象的出轨，这些问题就已经有无数个答案了，更别说结婚对象出轨了，那只会让这个问题变得超级复杂。

有的人会说“我不可能出轨的，因为我很爱我的另一半”，但是话说回来，“爱”本身就是一个很模棱两可的东西。相爱的两个人结婚之后，对对方的感情也有可能产生变化。所以，不得不说，仅靠喜欢或不喜欢来决定出轨或不出轨，是一个很危险的想法。

有位以爱妻人设出名的艺人，曾经在电视上说过这样的话：

“如果因为我出轨，我太太提出离婚的话，我就不得不支付赡养费。算一算，如果赡养费需要支付到所有的孩子满20岁为止的话，差不多需要两亿日元[①]。代价太大

① 1日元=0.0588元人民币。

了，所以我不会出现出轨行为的。”

虽然话说得好像有点儿过于直白了，但是确实很有说服力。为了抑制出轨问题，“因为风险太高了”好像确实比“因为我爱TA”更有信服力。

结婚是个选择问题

人生中有很多时候面对问题时，最终都不得不由自己来做抉择。

比如，决定去哪里上学、在哪里工作、在哪里买房或者买地、到底买不买房子、要跳槽还是自己创业。平常在工作中也会出现“这就取决于你怎么选择了”这样的转折点。

不管你选择哪个，一定都会有利、有弊，有优势、有劣势。要优先哪个、要放弃哪个都必须要靠自己来做决断。如何抉择都要靠自己，所以自己要对结果负责，而不能怪罪到其他任何人的头上。选择和谁成为夫妻不也是自己的一种“选择”吗?

“在这个自由恋爱、自由结婚的时代，我‘决定’和这个人结婚啦。”如果拿扑克牌来打比方的话，决定了，就是说要把其他牌都舍弃了。“我选择了这一张牌，所以其他的牌都不能再选了。”

夫妻之间不能出轨，也是社会默认的一种准则。

因为你“决定”和这个人携手一生，就要遵守规矩，所以不要考虑情感因素，而是坚决地选择“不出轨”，这难道不也是一种很棒的处世态度吗？

“你在说什么天花乱坠的话呢！”“爱情不是靠头脑来进行的！”有的人可能会有这样的意见。

但是，不管是“风险太大了”，还是“已经决定好了”，抑或其他什么原因，都是为了维持两个人的关系而规范自己的“戒尺”，而正是这把“戒尺”才是我们刚才说的模棱两可的“爱”的真面目。这样的话，如果“爱消失了”，其实就是在说“维护两人关系的意愿消失了”。原来如此，如果是这样的话，这好像确实可以变成出轨的理由。

在夫妻两人商量之前，这件事只能在自己心里好好考虑清楚。

POINT

不出轨的戒尺，要在心中自持。

希望TA不要做的事

43

○ 暂且先放手、观察

✕ 强行让对方面对自己

太太的心情好像不太好。不知道为什么好像有点儿坐立不安，总觉得她在释放一种“别跟我说话，离我远一点儿”的气场，但是我没有确凿的证据。话说回来，她到底为什么这么烦躁呢？身体不舒服？工作不顺利？不，难道说是因为我？

不知道为什么，TA好像心情不太好，但你不知道该怎么应对。你遇到过这样的场景吗？在这里我只举了妻子的例子，丈夫肯定也有过坐立难安的时候。

在这本书里面，我向大家推荐一个技巧，那就是，夫妻间不管其他的，首先要畅所欲言，把心里想的都说出来。

所以，遇到上面这种情况，像下面这样表达比较理想。

“我觉得你好像有点儿心浮气躁，有没有啊？”

“有什么我能为你做的吗？还是你想自己静一静？”

一边询问对方的状况，一边给TA一些行为上的选择比较好。

如果该说的都说了，TA的心情还是没有好转，不要强硬地说“为什么不说话呀？什么都不说的话可是违反我们的准则的哦”之类的话。

对方也是人。理想的准则不过是理想罢了，不论是谁，都有不管被问什么都不想回答，连发声的力气都没有的时候。

我们应该将心比心地应对，如果没有从对方那里得到很好的反馈，那稍微冷处理一下才好。

但所谓的冷处理不是说像“那我不管了”这样置之不理，而是虽然先不去理会TA，但还是很在意TA，让TA保持在自己的视野之内的有温度的冷处理。

分享自己的“躁点”

肚子饿了会烦躁，困了会烦躁。

快迟到了会烦躁，需要做的事情太多了会烦躁。

“大姨妈”来的时候会烦躁，有特定的人联系我了会烦躁。

如上所示，人们有各式各样的自己的“躁点”。在你了解了自己的“躁点”之后，还能和另一半互相分享，是两个人生活和相处中的大智慧。

“心浮气躁”的传染性很强，如果有一方已经坐立不安了，另一方会很容易不由自主地开始烦躁起来。那是因为，你会左思右想地考虑“TA为什么那么烦躁呢”“坏了，家里的氛围非常尴尬呀”。所以，如果两个人可以互相理解对方的“躁点”，那么这种焦躁难安的情况也可以预防。

“TA可能是因为肚子饿了吧”，可以这样推测一下原因，然后先拿出一些点心，或者可以加速准备晚饭之类的做出相应的对策。一旦知道自己该做什么，就会慢慢冷静下来，至少会让自己的烦躁慢慢减轻，这是人类的心理特征。

当然，你的做法很可能会事与愿违，变成火上浇油，这种情况下，也是先选择冷处理的做法就可以了。

POINT

不要勉强对方动起来。

寒暄语

44

✕ 认为『TA在我旁边是理所应当的』而松懈

○ 认为『这段感情可能会随时结束』而保持紧张

人，一旦习惯了什么事情就会失去紧张感，夫妻关系也是一样的。

结果是，大家都渐渐地不再在意自己的穿着打扮；旁若无人地打嗝、放屁；不知不觉中，纪念日的庆祝仪式也都忘记了。诸如此类的事情会接连不断地发生。

向别人展示完美的自己；妻子让自己保持精致、可爱；丈夫让自己保持高雅、帅气……这些念头也都渐渐消失。但是这些情况对于一对夫妻来说，也不能断言就是某种“问题”。

“我们夫妻二人这样相处就可以。这样相处让两个人越来越接近本我，生活起来也越来越轻松舒适。”

如果双方都是这么想的，那就是一对幸福的夫妻。但即便如此，如果对另一半的存在感到“已经习惯了”“是理所应当的”的话，也会成为问题。

不管是昨天、今天还是明天，都认为TA在你周围是理所应当的，每天回家也都是天经地义的，而把对TA的感激之情渐渐磨灭，实在是令人遗憾。

健康地和TA生活在同一个空间，共度同样的时光；

或者即使在不同的空间或者不同的时间，对方也肯定在世界上的某个角落生活着，所以不管是微信还是电话，都能通过某种方式和TA保持联系，表达自己的情绪。

这本来是多么令人感到幸福的事情，但是随着每天一起生活，或者频繁地和对方联络，我们渐渐地都忘记了“我们有多么幸运”这件事。

那么，为了防止我们忘记对方的存在并不是理所当然的，有什么可以做的事情吗？

有对夫妻，每晚睡觉之前一定会对对方说“今天也谢谢你，我超级喜欢你”，两人相处得十分融洽。但是后来，那位丈夫突然去世了，妻子黯然神伤了很久，之后她说：“那天晚上，我也是跟他说了‘今天也谢谢你，我超级喜欢你’之后才睡下的。我有好好向他传达我的心情，所以在这一点上，我没有什么后悔的。”

不是说“路上小心”，而是说“一会儿再见”

我和我爱人一般在睡前都会和对方互道一声“晚安”，有一天，我半开玩笑地说了声“那么，告辞了！”

这时我爱人说：“‘告辞了’听起来太冷漠了吧，

说完‘明天见’再睡吧。”因为感觉这句话包含了“希望我们明天也能充满活力地再相见”的愿望，因此我也深有同感。

我还认识一位女性朋友，在她的家里，家人们早上出门上班或者出门上学的时候会互相说“那一会儿再见啦”，来代替“我出门啦”和“路上小心”。

也许是因为这句话里包含了“我们之后肯定会再见面的，我会元气满满地回来的”“我会生机勃勃地回来哦”的心情。

在不起眼的日常寒暄语里加入自己美好的愿望，可以帮助我们更加珍视对方的存在，这是非常重要的。

POINT

每天的问候语要用心。

离　婚

45

在日本，平均每两分钟就有一对夫妻离婚。可以说，对任何夫妻来说，离婚，并不是什么遥不可及的事。

“我，有过一次失败的婚姻。”

“我，离过两次婚。”

关于自己的离婚经验，有很多人会这样说。另外，社会上还有很多人把离婚理解为“失败”“被扫地出门”或“挫折”。

但是，轻易地把离婚说成一种“失败”的想法差不多应该停止了。

离婚，不过是目前保持着婚姻关系的两个人在考虑“今后要如何生活”的基础上，所做出的一个选择而已。

有的人选择“维持婚姻”这个选项而变得不幸，反过来，也有的人选择了“离婚”这个选项而变得幸福。

并不是说结婚就是好的、离婚就是坏的，也不能说结婚就是成功、离婚就是失败。大家都已经不是小孩儿了，所以差不多要改变一下自己的想法了。

不要把离婚看成一种禁忌

一般情况下，一对夫妻应该用什么样的态度看待离婚才比较合适呢?

既不能以“如果不帮我做××我就离婚!”这样威胁的口吻随意提出离婚，也不能以“我们两个人绝对不可能离婚，永远不可能，光是想想，光是说出口我都觉得受不了”这样，把离婚当成一种禁忌。

因为这很可能和夫妻的“家人化”有关系。不管这个人做什么、说什么，TA都不可能离开我，我们很可能会因为这样想而逐渐变得恃宠而骄。

如果在对方面前很骄横任性，会让两个人之间的紧张感减少，也会让两个人越来越不在乎彼此。那样的话，夫妻间的关系只会每况愈下。

那么，夫妻间能光明正大地把离婚这个话题摆到台面上去聊吗?好像也不太容易。即便是夫妻，就像不能赤裸裸地谈论性生活的话题一样，离婚的话题也不方便毫无顾忌地去畅谈。

在这种情况下，让我们把“平均每两分钟就有一对夫妻离婚”这句话当作我们的“盟友”吧。我们身边应该至少有一两位有过离婚经验的熟人或者朋友，可以偶尔把他们离婚的话题当作你们夫妻间的话题去聊。

“如果我们也面临同样的困境，你会怎么想呢？”

“如果我们也变成那样了该怎么办呢？”

不要把别人离婚的话题仅仅当作八卦，聊完就结束了，要让自己身临其境，趁机聊一聊彼此心中的离婚观。

“如果我们家也是那种情况的话，肯定也会离婚吧，必须得振作起来，对吧？”

“这并不是什么遥不可及的事，我们也要注意防范啊！”

从这些对话中产生和透露出的很多价值观应该都有益于夫妻间的相处。

POINT

两人间偶尔聊一聊离婚的话题。

道　歉

46

×

TA说了『抱歉』，所以我回『没关系』

○

TA说了『抱歉』，所以我也回『抱歉』

"抱歉。"

"我也抱歉。"

"抱歉啦。"

"我也做错了。"

别人说"抱歉"时，你也用"抱歉"来回应；对方拼命挤出了道歉的话，所以自己也要努力一下。

这种做法是夫妻吵架时最理想的结束方式，但是，实现起来却出乎意料的困难。

"抱歉。"

"……没事。"

"抱歉。"

"嗯，我知道了，没关系。"

夫妻间很容易这样应答。这样的话，结果还是分出了"胜负"，说出"抱歉"的那个人，会有些难以释怀。

公司里的上司也一样，如果是心胸宽广的上司，下属说“我做错了，对不起”时，TA会以“不，我的指挥方式也有问题”来道歉。那么，下属就会一边说“不，别这么说”，一边感到松了一口气，最后圆满地完成工作。

话说回来，夫妻吵架很少有一方百分之百做错的情况，另一方肯定也有做得不对的地方。

可能仅仅是自己做错的地方和对方做错的地方相比起来没有那么严重而已。但是，**哪怕是很小的一件事也要承认自己做错了，并且要针对这个做错的地方好好道歉。**这才是解决问题的捷径。

不要说“说说你哪里做错了？”

“对不起。”

“说说你哪点‘对不起’我了？”

这也是常见的对话模式。

完全不接受对方的“对不起”，还把说出的“对不起”给顶回去了，问题非但不会得到解决，反而会变得越来越混乱。即使你觉得TA“道歉的方式真随便”，**也要**

首先承认TA“道歉了”这件事。

而且，道歉的一方最好不要像下面这样说：

“如果我的话给你造成了误解，那对不起了。”

“你要是这么理解的话，那抱歉了。”

虽然嘴上说着“对不起”，但是完全没有真正道歉的意思。言外之意就是在说，“你这么理解是你的错”“是你自己误解了，所以是你做错了”。

请大家自我反省一下，有没有把愚弄他人的措辞搬到家里面，来针对自己珍贵的另一半呢？

POINT

夫妻吵架，不要在意孰胜孰负。

纪念日

47

○

即使不是重要的日子，
也要精心度过

×

不重视纪念日

“结婚纪念日吗？我们可没那个时间去庆祝。”

“孩子和家人的纪念日就已经忙得不可开交了，夫妻间的纪念日实在是顾不上过。”

交往纪念日、结婚纪念日、生日、圣诞节、情人节……

刚开始谈恋爱的时候，或者刚结婚的时候，多多少少会用心准备的纪念日，等到老夫老妻的时候很容易潦草应付。

“因为没有以前那种你侬我侬的劲儿了，所以没有必要勉强自己去庆祝。”

“我们是因为互相信赖走到一起的，像纪念日这种形式主义不是我们的菜。”

我非常理解这种心情。

但是话说回来，对于纪念日本身就不能这样看待。因为你侬我侬才庆祝，因为甜甜蜜蜜所以不去庆祝，纪念日不是这种类型的事。

不要左思右想，而是直截了当地决定“纪念日就是用来庆祝的”，只有这样，夫妻之间才能融洽相处。

世界上的大多数纪念日，都不过是一种形式。

比如，每当一年一度的“父亲节”“母亲节”临近的时候，都能在大街小巷见到“感恩父亲、感恩母亲优惠大酬宾”之类的招牌。可是，一年里面，只有这一天感恩父母就可以了吗？好像并不是。应该是每一天都心怀感恩之情。

虽说如此，正是因为有了“父亲节”“母亲节”，匆忙的现代人才会在工作间隙想起来“要不要给家里打个电话呀？”“要不要送束花呀？”最后，到底有没有付诸实际行动暂且不论，可是会让人想到“对了，得表达一下感恩之情”。

交通安全周、中元节、年末年初之类的也是一样。每逢仪式、纪念日，总有着“把平常已经抛诸脑后的心意”回想起来的效果。这样，也许我们就没有理由不庆祝夫妻间的各种纪念日了。比起平常用语言来传达心意，一起庆祝某个纪念日反而更令人轻松，应该有很多人都这么觉得吧？

设定一个每月一天的蛋糕日

我认识一对夫妻，他们确定了一个每月一天的“蛋糕日”。据说是每个月的某一天，都会买蛋糕回家，然后两个人一起享用。

可以吃上热腾腾的饭；可以泡热水澡；可以睡进软绵绵的被窝；可以夫妻两人共度这些小确幸的时光……像这种不怎么特别的日子，也可以通过仔细品味到了“在这种时候才幸福”的感觉而变得弥足珍贵。

但是实际上，每个人都忙于工作和家务，并没有时间做这些事；而且，如果想要庆祝纪念日的话，要预约餐厅、准备礼物之类的事情会让人手忙脚乱。

但是如果是“蛋糕日”的话，并不会很费事，也不需要特意去预约或准备，而且，虽然只是蛋糕，但是在面对蛋糕的时候，总能让人觉得此刻的与众不同。如果喜欢烤肉的话，可以设定“烤肉日”；喜欢寿司的话，当然也可以设定“寿司日”。像这种把没什么特别的日子，变成对夫妻来说很特别的日子，就是一种非常好的沟通手段。

另外，日本把每年的11月22日设定为“好夫妻日”，这大概是20年前的事了，和“母亲节”“父亲节”相比，历史还比较短暂。今后我们也应该更加重视“意识到夫妻关系很重要”的这股潮流。

> POINT
> 认定“纪念日就是用来庆祝的”。

48

○ 自己先珍惜对方

× 因为觉得『TA都不珍惜我』而积攒不满

此前我曾反复强调过，要把自己的所思所想不断地变成一言一语告诉对方。

比如，夫妻两人一起出门，正在外面走的时候，妻子的脚突然开始疼了。如果妻子觉得“脚好疼啊，好想休息一下”，那就必须好好说出来，告诉自己的丈夫。

“今天穿了一双新鞋，很累脚，我想在附近找个地方休息一下。不管是星巴克、麦当劳还是肯德基，只要离我们最近的就好。”

如果你一边忍着痛，一边还想着“你快注意到我的状况啊，快说出在哪儿休息一下吧”，TA百分之百不可能领会到。

同样，如果你心想“我会加油赶路的，希望你不要管我”，那就原封不动地说出来，如果你想让TA去附近的药店买点止痛贴过来，也要一字不落地告诉TA。

虽说这是基本原则，但是其中也许也有很难开口的事情。

“想让你对我更温柔一点儿。”

“想让你更珍惜我一点儿。”

像上面这种要求就很难开口说出来，而且也羞于说出来。

“我对你不是已经很温柔了吗？”

“好的，好的，我就是很珍惜你啊。”

如果像这样被对方糊弄过去，自己也很难再继续说什么，而且可能会更加受伤。

要求对方做的事，先从自己做起

这时，先不去理会“把所思所想变成一言一行”这个原则，而是要“想让对方为自己做的事，自己先做到”也可以。

如果想让对方对自己温柔一些，那就自己先对TA温柔一些。

如果想让对方更珍惜自己，那就先去珍惜对方。

人们在受到恩惠的时候，或者被别人认真对待的时候，会有“我得表示谢意”或者“我得有所表示”这样的心情（好意的回馈）。

夫妻间也一样，如果你非常努力地为对方做了什么事，TA也会想“下次该我了”，所以要好好利用对方的这种心理。

“想让对方为自己做的事，要先从自己做起”，这个准则不仅限于我们讨论感情问题的时候。

比如，当“好想让TA多和我说说话”的时候，自己先喋喋不休地找TA聊天吧；想让对方询问自己“最近怎么样？”的时候，就先试着问TA“最近怎么样啊？”“为什么TA不能对我温柔一点儿啊？”“为什么TA不跟我讲话啊？”与其自己闷闷不乐地苦苦思考，不如率先行动起来，这样才能更早地实现自己的心愿。

对待无时无刻不和自己在一起的另一半，我们很可能会不由自主地对TA任性蛮横起来。**“我想让你……”“为什么你不……呢？”这样的要求会逐渐增多。**如果你注意到了这一点，首先请你从自己开始实践，请务必试一试。

POINT

率先行动，才能实现心愿。

社会与夫妻

49

×

尽量不给社会添麻烦

○

即使与全世界为敌，我也是TA的最佳伙伴

“我儿子给您添麻烦了，真的非常抱歉。”

一边说着，一边深深鞠了一躬的母亲旁边，站着无精打采的儿子。

电视剧和电影里面，经常会出现这样的场景，然后大多数情况下，等到只有妈妈和孩子两个人的时候，妈妈会说：“刚才虽然那么说，但是不管发生什么事，妈妈都一直站在你这一边。”

即使与全世界为敌，我也对你不离不弃。

这是家长和孩子之间的例子，但是如果可以的话，希望夫妻之间也能如此相处。“我是你的最强后援”“我永远尊重你”，确实是一种很称心如意的爱的表达形式。

但是有时候会一不小心就视自己的面子优先于对方，视自己的尊严优先于对方。

比如，现在你们两个人在一家店里面，丈夫站在过道上看货架上的商品正看得入迷，挡住了后面顾客的路。

这个时候妻子会说“你看看，你挡着别人的路啦”“你往旁边去一点啊”，然后把丈夫一把拉到一边，丈夫一副怅然若失的样子。

丈夫也不是不明白妻子“不能给别人添麻烦”“为什么你就这么没有眼力见！”这种焦躁的心情。就像教育孩子的时候会经常说“哎呀！好好看一下周围”一样。

但是，被训斥的丈夫会因为“为什么在外人面前吵我啊”而怄气；还会想“哎，这个人到底是不是跟我一边的啊”而感到恼怒。

如果你很重视夫妻关系的话，在这种场景下应该不会像在“责备”对方一样把他拉到一边，而是会戳一戳TA的胳膊，然后悄悄地告诉TA，“后面有人要过去哦”。

虽然也要看给周围造成的影响程度的大小，但是像“比起外人和周围环境，我当然更珍惜你”这样的想法，希望大家能时刻装在心里面。

设置假想敌，增强连带感

如果想让夫妻二人成为彼此的后援，其实有一个更简单的办法，那就是设想一个“假想敌”。**如果能拥有一个共同的敌人，双方就很容易成为结盟的战友。**

比如，两个人正在聊小时候的事情，当两人稍微有点儿争执的时候，可以话锋一转，开始把学校的老师当成共同的“敌人”。

“但是说到底，其实还是班主任的处理方式不行。”

“对啊，是班主任不行。”

说到这里，两个人也许就能暂时和好了。

这个时候千万不要说，“啊？但是我觉得班主任也很不容易啊，这样要求老师是不是太过分了”，从而对对方煞费苦心提出来的意见表示反对。

当然，你可以提出不同的意见，但是这个时候应该优先确认“我们是站在同一战线的好伙伴”这个想法。等到双方不再言辞激烈地各执一词的时候，再叙述自己的意见也不迟。

不过，不要在孩子面前把学校的老师当成“敌人”，另外，肯定也有一些人很抗拒把一些特定身份的人当作“敌人”。

那这种时候，可以说“哎呀，这雨下得烦死了”“流行感冒什么时候才能结束啊”这样的话，把天气和社会新闻当作“敌人”。

POINT

偶尔娇纵一下对方。

50

○ 和能聊得来的人结婚

× 和三观一致的人结婚

“因为我们三观不合。”

这是我们经常听到的离婚理由。

但是实际上，有很多夫妇即使三观不合也能和睦相处，还有一些夫妇即使三观一致，到最后还是分道扬镳了。

“我想和三观一致的人结婚。”

这是尚未结婚的人经常说的话。确实，和三观一致的人相处起来会很轻松、很愉快，但是这世上怎么可能有人跟自己的三观是百分之百一致的？

另外，正是因为三观基本上一致，所以会更在意一些小细节，从而导致最后两人离婚的例子也不在少数。

那么，如果关键点不在于三观的话，那是什么呢？

如果认真听一下说“三观不一致”的人的话，你会发现，他们想说的其实是“因为三观不合，我们之间的鸿沟总是无法填平”。

也就是说，“这个鸿沟能填平/不能填平”“能磨合/不能磨合”才是可以和睦相处的夫妻跟不能和睦相处的夫妻之间的差别。

比如，有一对夫妻，丈夫喜欢户外运动，妻子喜欢在家里宅着，导致有时出游建议会不同。即使两人的意见不同，如果能好好商量而把问题解决的话，就不是什么难题。

“这周日我好想去爬山呀。”

“我好想在家里看书啊。”

即使一开始双方的意见不能保持一致，但是好好协商之后，决定“那我们这周日去做点儿别的事情吧”，这样的话，矛盾就圆满地解开了。

“我们偶尔去爬爬山吧。在山顶看书不也是别有趣味的吗？”

“确实……那我们去爬山？”

也有可能像上面这样，发展成另外一种和谐的场面。

如果妻子真诚地说，“我想在家里看书，我希望你也能待在家里陪我”，而丈夫却充耳不闻地宣布“不行，我要去爬山”，这样的话两个人就彻底谈崩了。

或者，丈夫试探地说，“那个，我有点儿想去爬山……”，妻子表示完全不理解地说“为什么要去那么危险的地方啊？你心里还有没有自己的家人呀？”这样的话，两人也会彻底没什么可聊的了。

总结起来就是，夫妻二人不是因为三观不合而产生矛盾的，而是在三观不一致的时候也没有好好交谈才导致不和的。

即使交谈的结果是离婚也没关系

反之，能坐下来好好交流的人才能和睦相处。如果两个人能好好交谈的话，就应该能找到彼此都能接受的妥协点。

如果努力交谈的结果是，双方都认为很难再继续相处了的话，就可以直接选择离婚，这也是一种很适宜的解决方式。

是的，夫妻两个人能不论何时、不论何地地好好交谈才是最重要的。能做到好好交谈的两个人，不管遇到什么事情都能够融洽相处。

POINT

能交谈的两个人，就能和睦相处。

写在最后

虽说夫妻间没有正确答案

由于受新冠肺炎疫情的影响，很多家庭中夫妻二人相处的时间有所增加。

不习惯突然有这么长的相处时间，让人喘不过气来，导致夫妻反目。

反过来，因为夫妻二人能聊天的时间增多了，夫妻关系日渐和睦。

在这一年里，随着“新冠离婚”这个词的出现，有很多人都开始对夫妻之间的关系有了重新的考量。

随着日本人均寿命的延长，早在疫情之前，每个人一辈子和伴侣一起度过的时间就在不断增加。

受疫情的影响，应该有很多人开始不断思考孩子独立生活后夫妻该如何相处，或者退休之后该如何生活之类的问题。

工作方式的变化、生活方式的改变，当然也会导致婚姻生活、夫妻相处模式发生改变。趁着这个时机采取行动去改善一下夫妻关系，几年后、十几年后肯定能有巨大的收获。

因此，2020年也许能成为“夫妻元年”。

希望这本书能帮助大家在夫妻间交流方面发现新的形式。

* * *

本来我对家人或者夫妻相关的话题就特别感兴趣。

尤其是一说到夫妻相处模式或者家人之间相处的新形式，我能连续说上好几个小时。一直尽量让自己保持冷静的我，一聊到自己的家人，就经常被人笑称“热情过分高涨”。

这次，我向很多个家庭讨教了夫妻美满相处的秘方。

我了解到，不管哪对夫妻都有独特的聊天方式和秘诀，还有，他们日常生活中就会留意很多事情，实在是醍醐灌顶。

在旁人看来“只是合得来”的两个人，其实也有自己的烦恼，当然也有解决烦恼的方式。

什么都不做却能和睦相处的夫妻是不存在的。

虽然这些事即使不说大家也知道，但是能让自己注意到这一点也是一个很大的收获。

当然，我在写这本书的时候，脑海里一直想的都是——我家的事情。

“这一条我们两人做到了吗？”“这件事情我们最近好像有点儿疏忽了”，我一边一条一条地反省和领会，一边动笔开写。

在这个“夫妻元年”，我能有机会重新审视自己的夫妻关系，也是一份很幸运的额外收获。今后也要不满足于当下的关系，不能掉以轻心，要朝着“更加和睦的、完美的夫妻关系”这个目标不断修炼。

*　*　*

夫妻之间没有什么正确答案，一百对夫妻就有一百种相处模式。促进夫妻和睦相处的交流方式也因人而异。

但如果你能在这本书里找到帮助你和伴侣之间的关系变融洽的一点儿参考，或者帮助你们破镜重圆的小提示的话，那实在太令人欣慰了。

*　*　*

在此，我由衷地感谢把自己温暖又真实的逸闻趣事告诉我的各位朋友，还有一直顽强忍耐我过分热情的责任编辑——大竹朝子女士。

最后，我想以我在本书中最喜欢的一句话作为结尾：

身体是资本，健康第一。

夫妻是根本，夫妻关系第一。

感谢您的阅读，希望我们再会。

五百田达成

2020年11月